幸せの7つの法則

Seven laws of the happiness

奥村久雄 著

ダイヤモンド社

幸せの
7つの法則

はじめに

私は、若いころからずっと幸せになりたいと思っていました。

最初は、皆目見当がつきませんでした。幸せはどこにあるのか、どこか遠くの別の場所にあるのか、あるいは誰かが与えてくれるのか、それとも何かを手に入れることなのか…。

あるとき、気がつきました。

実は、幸せはどこか遠くにあるわけではなく、人が与えてくれるわけでもなく、何かを手に入れることでもなく、幸せとは「心の状態」なのではないか、と。

そう、幸せという確固たるかたちがあるのではなく、自分の心の持ち方や状態によって、幸せを感じたり不幸を感じたりするだけなのです。


幸せの本質はとてもシンプルです。

私自身も間違った努力をして右往左往した時期がありましたが、幸せの法則に気づいてからは、驚くほどかんたんに幸せになっていました。

幸せの本質は「感謝」と「希望」です。

この2つが幸せの大きな根っこです。

なぜ、感謝が幸せの大きな根っこなのかというと――。

「ああ、ありがたいなあ」と思うと、喜びを感じ、幸せを感じられます。

今あるものに感謝の気持ちをもつと、自分の周りに幸せがあふれていることに気づきます。

感謝することは幸せに気づくことであり、感謝することは幸せの出発点なのです。

逆に、何を見ても喜べないときや、不平不満をもつと、幸せを感じられなくなります。

でも、どんな状況のなかからでも「喜びさがし」ができ、感謝できるようになると、心が前向きになり、生きていることに幸せを感じられます。

どんなときも喜びや感謝の気持ちがもてたら、人生何が起きても幸せに生きていけるはずです。

人に感謝するので、感謝されやすくなります。

自分だけの幸せを考えることもないでしょう。

人の幸せが自分の幸せにつながることも実感できるでしょう。

人の役に立つことが喜びになりやすくなります。

心からの反省もできるでしょう。

人のせいにもしなくなるはずです。


「希望」も、幸せの大きな根っこです。

希望の正体は、明日よくなりそう、明後日よくなりそうという「プラスのイメージ」です。

では、希望の反対、絶望の正体はというと、明日悪くなりそうという「マイナスのイメージ」。

どちらも単なるイメージですから、自分で常に希望をもてるようにコントロールできると思いませんか。

夢や目標をかなえられた人というのは、「プラスのイメージ」をもち続けることができたから、実現できたのです。

つまり、こうしたい、こうありたいということを意識して、自分自身がワクワクするような希望がもてたから、どんどん幸せになれたのです。

私は、この「感謝」と「希望」（目標）はぜひともセットで兼ね備えていただきたいと思っています。どちらか片方だけだと、とてももったいないように思うからです。

私は美容関係の会社を経営していますので、肌の悩みから解放された女性が見違えるように明るく、きれいになる例をたくさん見せていただいています。肌が変化するだけで、表情も生き方も変わるのです。

さらに、そうした方々が、感謝の気持ちや目標をもっていると、内面からの充実感が加わりますので、存在そのものがキラキラしている印象を受けます。

でも、感謝はあっても目標がないと、優しくて謙虚でいい人なのだけど、ちょっとキラキラ具合がか弱い感じがしてしまうのです。

反対に、目標があっても感謝がないと、ギラギラした感じになりかねません。そうすると、目標達成は少し遠回りしてしまう可能性もあります。


美しい花が咲くのは、土のなか深くに大きな根っこや小さな根っこが張り巡らされているからです。ともすれば、目に見える花や葉にとらわれがちですが、目には見えない根っこの力があります。根っこがしっかりしていれば、養分をどんどん吸い上げ、輝くような美しい花が咲くでしょう。


この本では、幸せの根っこを「7つの法則」として書きました。

根っこですから、どれもつながっています。何かひとつを実践すると、芋蔓《いもづる》式に別の法則につながっていきます。

私はこの30年間、幸せをテーマに、私自身の体験から得た〝気づき〟を中心に私の会社のセミナーで話してきました。また4年前には、それらを『人生を変える幸せの法則』（ダイヤモンド社）という本にしていただきました。

セミナーや著書を通して私の気づきに接してくださった方々に、印象に残った言葉や実践してくださったエピソードを募ったところ、思いのほか、たくさんの方々からお便りが寄せられました。本書は、その代表例というべきエピソードとのコラボレーションというかたちとなりました。

特筆すべきは、これらのエピソードの素晴らしさです。私の拙《つたな》い話からよくぞここまで真意を酌《く》んでくださり、さらには実践してくださり、結果、感動的な人間関係（夫婦、親子ほか）を築いたり、自分の可能性を発揮してくださっています。

私がセミナー等でお話していることはすべて、私の体験から生まれた気づきが中心です。そして、その気づきは、私の人生に最も強烈な影響を与えた事例ですので、おのずと毎回同じような話のくり返しになってしまいます。本書でも前作との重複部分が多くなってしまいましたが、何卒お許しください。

日常にある平凡な出来事のなかでの変化というのは、とても大事なことだと思います。特に女性の場合、本当にささいなことが分かれ道になったりします。日常生活において、仕事において、本書が幸せに生きるヒントになり、少しずつでも幸せの根っこが深く広がっていくことを心から願っています。

私も、自分のなかに幸せの根っこをより深く、より広く張り巡らせていきたいと思っています。

幸せの7つの法則　目次

幸せの法則3

幸せの法則4

幸せの法則5

幸せの法則6

※掲載エピソードは２０１１年時点のものです。

幸せの法則 1

幸せは感謝から始まる

「感謝」は、幸せの大きな根っこです。
感謝の気持ちをもつと、幸せを感じることができます。
感謝することは幸せの出発点なのです。
当たり前だと思っていたささいなことに感謝できると
日常生活が幸せにあふれていることに気づきます。

当たり前のことに感謝する

誰もが幸せになりたいと思っています。

いい会社に入れば幸せになれる。

高収入の人と結婚すれば幸せになれる。

こんなふうに思い描いても、実際は満たされないことも多いようです。

幸せは誰かが運んできてくれるものではありません。

お金やモノを得られれば幸せになれるというものでもありません。

幸せは、自分で、自分の心のなかにつくり出すもの。

幸せかどうかは、その状況で決まるのではなく、自分がそれをどう受けとめるのか、自分の心が決めることなのです。

私は、「幸せになる」とか「幸せをさがす」のではなく、「幸せは感じるもの」だと思います。

朝、目が覚めて、ご飯をいただき、仕事に出かける。

こうした、本当にごく当たり前のことに、「ありがたいことだなあ」と感謝の気持ちをもつと、「ああ、幸せだな」と感じることができます。

生きていること、健康であること、家族がいること、仕事があること、自由であること、平和…、どれひとつを喪失しても大変なことになります。

当たり前だと思っていることが実はどんなにありがたいことか、本当は当たり前のことなどひとつもないということに気づくだけで毎日が楽しくなり、幸せを感じられます。


以前の私は、「感謝」というのは、誰かが私に、私が感謝するようなことをしてくれたときにするものだと思っていました。

でもこれは、与えられたものに対してですから受動的な感謝といえます。もちろん、これも大変重要なことですが、ごくささいなことのありがたさに自分から気づく能動的な感謝ができれば、幸せを感じる頻度はますます高まっていきます。

では、感謝の反対は何でしょうか。

私は、不平不満の気持ちだと思います。日常生活のなかに幸せはいくらでもあるのですが、不平不満の気持ちはそれを感じられなくしてしまうからです。掲載エピソードのなかにも、「いつも不平不満を言っていた」という人がたくさんいます。

私もかつて、実は、不平不満の名人でした。周りの物事をすべてネガティブに受けとめてしまう、マイナス思考人間でした。しかも人嫌いでした。

幸せになりたいと思っているのに、楽しくないという気分が常に心を占有していました。


私がサラリーマンをやめたのは36歳のときです。生まれて初めて目標を掲げ、自分の人生に前向きになっていました。

ところが、もともとが不平不満のかたまりですから、何をしても、何を見ても喜べないのです。結果、自分も周りも楽しくありません。目標に向かう気持ちとは裏腹に、マイナス思考に引っ張られてしまうのです。

私はそこで、不平不満の逆をやってみようと思い立ちました。つまり、喜べることを増やしてみよう、感謝してみようということです。

当時、私の身近に「感謝名人」がいました。「けっこうゲンさん」と呼ばれていた男性です。彼は、一見困るようなことでも「けっこう、けっこう」と喜ぶのです。たとえば、梅雨のさなか何日も雨が降り止まないとき、「困った雨ですね」と声をかけると、「けっこう、けっこう、いっぺんに降らないでくれてけっこう、少しずつ降ってくれるから、洪水にもならず、畑も流れずにすむ」と。なるほどなと思いました。

「けっこうゲンさん」をお手本に、感謝の視点で周りを見てみると、私の日常生活のなかにたくさんの喜びがあることに気づきました。

結核にかかったのに完治し、結婚でき、再就職もできました。一男一女の子どもに恵まれ、元気に育っています。目標に向かって燃え、仕事に前向きになっています。何より家族がみんな、健康に明るく暮らしています。

当たり前だと思っていたことが、実はどんなにありがたいことか、幸せなことかと気がつきました。私は本当はもう充分に幸せだったのです。

人に感謝できる自分になる

不平不満の名人から感謝の名人を目指していたとき、もうひとつの自分の悪いクセ、習慣にぶつかりました。前述したように、重度の人嫌いだったことです。

人が嫌いということは、「人と心が合わせられない」ということです。だから「助け合う」ことができません。人を助けることもなく、当然、助けてもらえることもありませんから、人に感謝の気持ちをもつなんてことは皆無でした。

これは、脱サラをした私にとって致命的なことでした。サラリーマン時代はそれでも何とかなりましたが、脱サラ後、自分ひとりだけの力で収入を稼ぎ出さなくてはいけないのだから、人嫌いを何とかしなければ仕事にならないと気がつきました。

切羽詰まった私は、人間関係をよくするための本をさがしました。1冊の本に、こう書いてありました。「今、あなたの目の前にいる人は世界で一番大事な人と思い込みなさい」「これを、2週間続けてみてください」。

2週間で効果があるなら、やってみよう、やるしかない、と思いました。

初めて会う人には「これから会う人は、世界で一番大事な人」。会っている最中は、「目の前にいる人は世界で一番大事な人」。そう自分に強く言い聞かせました。毎日、会う人、会う人、例外をつくらずに、全ての人にやってみました。

最初は苦痛でした。けれども、3日目くらいに、不思議なことが起きました。相手を見る私のほおが、ふっと上がったのです。自然に笑顔になったのです。すると、相手のほおもふっと自然と上がり、表情が穏やかになったのです。

２週間後、嫌いだと思う人がいなくなりました。人に会うとその人の欠点が先に目につき、そこが嫌いだと思っていたのに、全然気にならなくなったのです。

この話をすると、「よくそんなことが続けられましたね」と人に言われるのですが、このままの自分では、家族を路頭に迷わせてしまう、そんな崖っぷちの気分だったからできたのかもしれません。

また、笑顔がほとんどなかった私がなぜ笑顔になれたのか、当時は自分でもわからなかったのですが、最近、笑顔コンサルタントの方の本を読んで、謎が解けました。

人づきあいが苦手な人というのは、相手の顔をきちんと見ないのだそうです。つまり、相手の方と目が合わせられない。アイコンタクトができないということ。欧米人は初対面の相手にもすぐできるそうですが、実はシャイな日本人はほとんどが苦手だそうです。

でもそんな人ほど、相手の顔（目）を見ると、恥ずかしさも手伝って、一瞬、笑顔になってしまう。これは本当の意味での笑顔ではなく、照れ笑いなのだそうですが、相手は笑顔と受けとめるので、笑顔を返してくれる。その笑顔を見ると、安心して、今度は照れ笑いではなく本物の笑顔になる――という説明でした。

確かに私も、「これから会う人は、世界で一番大事な人」を実践する前は、相手に対して無意識に腰が引けていたのですが、「世界で一番大事な人」と言い聞かせると、自然と真正面から見ることができるようになり、笑顔にもなれたのでした。

こうして私は人間関係が楽しくなり、人と心が合わさるようになり、助け合えるようになりました。そのおかげで人に感謝できるようになり、幸せを感じることが飛躍的に増えたのです。これは、私の人生を変える大きな出来事のひとつでした。

不平不満を瞬時にキャンセル

感謝名人に変わろうと挑戦していたとき、実はほかにも困ったことがありました。それまでのクセ、習慣で、ついついネガティブな思いが浮かんでしまうのです。

それで、ある人から教わった「いけない、パッチン」をやってみることにしました。後ろ向きなことを思ったらすぐに、「いけない」と心のなかで、または小声でつぶやきます。そして、「パッチン」と指を鳴らし、前向きな言葉に言い直すのです。

たとえば、こんな具合です。

「(出かけようとしたときに)雨が降ってきた、イヤだな」

←……(いけない、パッチン)

「おかげで農作物が育つ。恵みの雨だな」

「お客さまとトラブルがあった。落ち込むなあ」

←……（いけない、パッチン）

「トラブルがあったおかげで、勉強になった。二度と同じトラブルを出さないで済む。何が今できるか考えよう」

「いけない、パッチン」は、不平不満をキャンセルするおまじないのようなものです。「ああ、またよくないことを考えてしまった…」などと深刻に反省するのではなく、瞬時にポジティブな考え方に切り替えればいいのです。

当時の私はさほど運に恵まれていませんでしたが、「いけない、パッチン」を習慣化したころから、ぐんぐん運がよくなっていきました。

「不平不満をもつと、つながっていると幸せでいられる縁が切れる」と言います。

「うちの主人ときたら」「うちの上司ときたら」などと文句ばかり言っていると、

夫婦関係の縁が切れたり、

人間関係の縁が切れたり、

経済との縁が切れたり、
ストレスがたまるので健康の縁が切れたり、
幸せでない状態を自分でつくってしまうことになります。
不平不満は、猛毒です。
不平不満を「言わない」ようにするのではなく、「思いもしない」ことが大切です。

「本当の感謝とは、恩を返すこと」と聞いたことがあります。
目の前にいる大事な人から受けたいつくしみや恵み、それをいい加減に受けとめるのではなく、自分のできる範囲でいいと思いますから、素直に、誠実に対応することが大事だと私は思います。掲載エピソードにあるように、感謝に気づいたら、思うだけでなく、「ありがとう」と言葉で伝えられるといいですね。

感謝しないと、徳を落とす

話は少しそれますが、私が子どものころ、「あの人は徳がある」とか「徳を積む」「徳を減らす」という言葉をよく耳にしていました。

この「徳」とは何でしょうか?

辞書を引いてみると、「身についた品性。人格の力。善行」などを指すようです。「人徳」「道徳」「美徳」……とてもイメージがいいですね。なんだか崇高な感じです。一方、「悪徳」「不徳」「背徳」……となると、かなりイメージが下がります。

「徳」とは、突き詰めると「幸せの養分」のようなものなのかなと思います。

徳を積むと、幸せの養分が増えます。

徳を減らすようなことをすると、幸せの養分が減ります。

たとえば、樹木はなぜ大きくなれるのでしょう。土のなかにしっかりと根を張り巡らせ、そこから養分を吸収しているからです。養分を充分に吸収できれば、やがて大きく育って、おいしい実をつけ、人も動物も集う幸せな大きな樹になることでしょう。

徳を積むというのは、かなり地道なことだと思います。

でも徳を落とすのは、とても簡単です。愚痴ったり、人の悪口を言ったり、人を責めたり、人を傷つけたり（あげ足をとる、混ぜっ返す、売り言葉に買い言葉なども）、悲しませたり、不愉快な思いをさせたりすることで、あっという間に徳が落ちてしまいます。

これらはいずれも、感謝の気持ちがないときに出てしまう行為ではないでしょうか。言い換えれば、徳というのは、感謝しないと落ちるものだと私は思います。

そして、徳が落ちると、どうなるでしょう？

たとえば、どんなに正しいことを言っても周りが聞いてくれなくなります。

徳があれば、話がストレートに伝わり、理解されやすくなります。

でも徳がないと、知識をたくさんもっていても話を聞いてもらえません。

徳がないということは、信頼されていないということなのです。

子どもが親の言うことを聞かないのは、「親の徳がない」からです。何も言わなくても、親の姿を見て子どもがしっかりと成長してくれるように、徳を落とさないようにしなくてはいけないと思います。

「幸せは感謝から始まる」のヒント

- 日常生活のごく当たり前のことに感謝してみる。
- 不平不満を思ったら、すぐに「いけない、いけない、パッチン」で切り替えてみる。
- 感謝に気づいたら、恩返しをしようと考えてみる。

エピソード

◆喜べること、感謝できることを増やす

太田愛子（62歳・福岡県）

22年前、この言葉を聞いたとき、衝撃を受けました。

「感謝の名人を目指しましょう」

「自分にとって不都合なことでも、喜びをさがしましょう」

最初は、言葉の意味がわかりませんでした。

自閉症をともなう知的障がいの次男・宏介は、多動、奇声、こだわりが強く、生きていくには不自由なことだらけです。宏介を見て人はどう思うのだろう、人に危害を加えるのではないか、これからどうなっていくのだろうと、私はやり場のない不安と不満を抱えていました。

こんな状況で、何を喜べばいいのか——。

宏介はそのとき7歳、20歳になるまでに13年あります。20歳のときに自立できる方向性を目指そうと気持ちを切り替えました。

これをきっかけに、私も少しずつ変わっていきました。「母や人からどう思われるだろう」という消極的な私から、「母に喜んでもらうには、周りの人に喜んでいただくには、どうすればいいだろう」という積極的な私になっていきました。そうすると、喜べること、感謝できることがグーンと増えていきました。

宏介が10歳のころ、人生を方向づける出会いがありました。絵筆ひとつ持ったことのなかった宏介が色彩に魅せられ、絵を描くようになったのです。その4年後、賞をいただき、以来、毎年個展を開くようになりました。目標の20歳のときには「20歳のかたち展」と題し、福岡の中心地で個展を開催し、画集も自費出版。宏介は、人から喜ばれること、誉められること、認められることで、グングン伸びていきました。

夫は3年前に退職し、母の介護と宏介のことを引き受けてくれました。私は宏介をついつい甘やかしてしまうのですが、夫は宏介の気持ちに寄り添い、「なぜだ?」と耳を傾け、宏介に問題があるときは決して引かないのです。そのおかげで、宏介のわがままは軌道修正されていきました。夫の言葉を借りれば、宏介は大人になっていきました。

今年、宏介は30歳。長男が言いました。「父ちゃん、宏介の30歳を節目に、父ちゃんの言葉を残してほしい。宏介20歳で第1画集、25歳で第2画集、30歳は宏介の絵と父ちゃんの言葉でコラボしてよ」。今年9月、『自閉の子宏介30歳　これからもよろしく！』が出版されます。

◆当たり前のことに感謝する

堀内紀代巳（54歳・愛知県）

私は長年、感謝と思いやりの心をもって人に接していると思っていました。ところが、私の感謝は、人に何かしてもらったこと、うれしいと感じたことに対する感謝で、「当たり前のことへの感謝」ではないことに気づきました。そして、なぜ自分が幸せと思えないかがわかりました。

たとえば、夫が何かしてくれるともちろん、「ありがとう」と言っていました。でも、それをしようと思った夫の気持ちや家族に寄せる思い、そして何よりも夫がいてくれることに感謝したことがなかったのです。

そこに気づきはしましたが、今さら照れくさいし、夫にそんなこと言えない…。先輩にそのことを話すと、「面と向かって言えないのなら、後ろ姿にコショコショと小さな声でいいから、始めてごらん」とアドバイスをもらいました。

最初は、夫の後ろ姿に小さな声で言い、次第に、面と向かって言えるようになりました。そんなことを続けていくなか、家族の会話が増えていき、主人と子どもたちが話している様子を見て、私は「幸せ」と思ったのです。

その矢先でした。主人が、突然亡くなりました。

ひとつ救いだったのは、主人が元気なときに、主人に感謝でき、家族で和やかなときを過ごせたことです。主人もきっと、幸せを感じてくれたのではないかと思います。以前のまま、夫への感謝がないまま過ごしていたら、今も後悔していたでしょう。

◆幸せとは心の状態

藤原由佳（45歳・広島県）

私の唯一の気がかりは、遠方にいる両親。難病の母と、その母をひとりで介護している父のことでした。

家庭では幸せを感じながらも、母のことを考えると気持ちがふさぎ、母をよく看てもらいたいと、父に不平不満をもっていました。

車を運転して一人で実家に向かっているとき、私はハッとしました。あれほどがんばって母をひとりで看てくれる父に対して、私はなんと薄情な娘なのでしょう。気づいたときは、涙がとまりませんでした。

両親がいたから、今の自分がいる。そして、私の幸せを願って遠くへ嫁がせてくれた父と母、陰で支えてくれる夫や子供たち…、「ありがたい」と思いました。心から感謝すると、父に看てもらえる母は、なんて幸せな女性なのだろうと思いました。

今よりもっと親孝行し、人のお役に立てるようになりたいと思います。

◆感謝するクセ、習慣を身につけましょう

平塚純子（63歳・三重県）

この言葉を聞いたとき、ショックでした。なぜなら、自分が幸せでないのは、夫が出世を望まず、子どもたちの成績も特別よいわけではなく、クラブも補欠だからなどと、人のせいにしていたからです。

わが身をふり返ってみれば、今まで何ひとつ努力もしないで怠惰に過ご

し、何事においても受け身の態度で、眉間にシワ、口はへの字に曲げて、権利ばかりを振りかざしていた自分に、ただただ唖然としました。

「幸せになるには、感謝すること。まずは、ちょっとしたクセ、習慣を変えましょう」

頭では理解できましたが、実のところ、家族に「ありがとう」などと言うのは気恥ずかしいものがありました。

ある日、私は心を決め、実践することにしました。すると、夕食後、すぐにテレビを見にいく夫、勉強しなさいと言われる前に2階へ上がっていく高3と中3の子どもたちが、茶の間で一緒に過ごすようになったのです。

考えてみれば、私が嫌なことばかり言っていれば、家族が離れていくのは当然です。家族みんなで楽しい時間を共有したいと前々から思っていたのですが、私が感謝の気持ちをもち、「ありがとう」と普段から言うことで、自分が思い描いていた通りの家族になりました。

◆幸せなときは、感謝すればいいんですよ

羽田　薫（37歳・北海道）

現実的でマイナス思考の私は、何かよいことがあっても、次はきっとよくないことが起こるかもしれないと、常に不安を感じていました。

20代後半に結婚し、翌年子どもを授かりましたが、その幸せを素直に喜ぶことができなくて、「好きな人と結婚でき、こんなにかわいい子まで授かって、幸せ過ぎて、私は長生きできないかもしれない」と、当時、本当に真剣に悩んでいました。

あるとき、「幸せなときは、感謝すればいいんですよ」という、この一言が私の心のなかにストンと入ってきました。「そっか、感謝すればいいんだ」と素直に思えました。すると、私の心をずっとおおっていた不安が消えてなくなっていました。

夫と娘に出会えたことに感謝し、これからもっと楽しい毎日になる。そう思ったら、心の底から「幸せ」を感じることができました。今日という日を喜び、希望をもてるようになったのは、この言葉のおかげです。

◆ありがとう

吉田　円（22歳・熊本県）

感謝の気持ちをもつと、自分の心が変わります。ところが、照れくさいということもあって、普段、「ありがとう」を口にしていなかったことに気がつきました。

たとえば、朝が来ること、ご飯を食べられること、家族が元気なこと、仕事に行けること、人のあたたかさにふれられること。一つひとつに感謝の気持ちをもつと、幸せを感じられました。不満を感じていた自分がばからしくなりました。

今まで出会ってきた人たちは、私を成長させるために出会った人たち。出会った人たちがいるから今の自分がいる。後悔ではなく、感謝。そう心に位置づけると、一歩、前に進めました。

仕事で注意を受けると、いやな気持ちになることもありましたが、注意されることも、私を成長させる言葉。「注意してくださって、ありがとうございます」と思うと積極的な姿勢になれます。

家のなかでも、家族が笑顔になったり、穏やかになったり、変化していることに気づきました。

「ありがとう」「Thank you」——どこへ行っても伝え合っていきたい言葉です。

幸せの法則 2

心の基線を下げる

心の基線は、自分が幸せを感じる基準です。
小さなことにも喜びを感じ、感謝の気持ちをもてるときは、
心の基線が低いとき。
喜べることが少なく、イライラすることが多いときは、
心の基線が高いとき。
幸せ、不幸せを決めているのは、自分自身です。

幸せを感じる基準が高いか低いか

前項で、幸せは感謝から始まる、感謝の反対は不平不満、不平不満の名人から感謝名人に変わることが幸せへの第一歩になると言いました。

日本では今、自分が幸せだと感じる人が少ないという統計が出ています。

物質的にこれだけ豊かでも、幸福感を感じられないというのは、感謝の気持ちが足りないことも原因のひとつといえるのかもしれません。

毎日ご飯が食べられるのに「なんだ、こんなまずいもの」と思うと、幸せを感じられなくなります。

夫婦関係でも、どちらかがいなくなると寂しいことになるのに、一緒にいるとわがままが出てしまって「なんだ、おまえは」「なによ、あなたは」というふうになると、心が満たされなくなります。

感謝をふと忘れてしまったり、どこか傲慢な気持ちが頭をもたげてしまったり、ついわがままになってしまう……こんなときの状態を、私は「心の基線」が上がっていると表現しています。

「心の基線」とは、自分が「幸せを感じる基準」です。この線は、気持ちのもち方ひとつで簡単に高くもなり、低くもなります（P47図参照）。

心の基線が上がっているのか、下がっているのか、自分ではなかなか気づきにくいのですが、「バロメーター」があります。

ささいなことにも喜びを見いだせ、感謝の気持ちがもてるときは、心の基線は下がっています。

喜べることが少ないとき、不平不満が多かったり、イライラすることが多いときは心の基線が上がっています。


人生には、波のように、いいことも悪いことも起こります。

いいことが起きたときは、幸せ感が大きくなります。

悪いことが起きたとき、不幸せ感が大きくなります。

「自分の身に起きたこと」は変えることはできません。

ただ、ひとつ、自分で変えられることがあります。

それが、自分の心の基線です。同じことに対しても、心の基線が上にあるか下にあるかで、受けとめ方が違ってきます。

図のように、基線の位置を下げると、不満に思っていたことが、実はありがたいことなんだと思え、幸せを感じられる領域が広くなります。

「ご飯を毎日食べられるということは、なんてありがたいんだろう」

「一緒にいるだけで、なんてありがたいんだろう」

ないものに目を向けるのではなく、今あるものに目を向けて、感謝を見つけようとすることで心の基線が下がることもあるでしょう。

心の基線

基線がふつうの場合…………幸せ：半分
不幸：半分

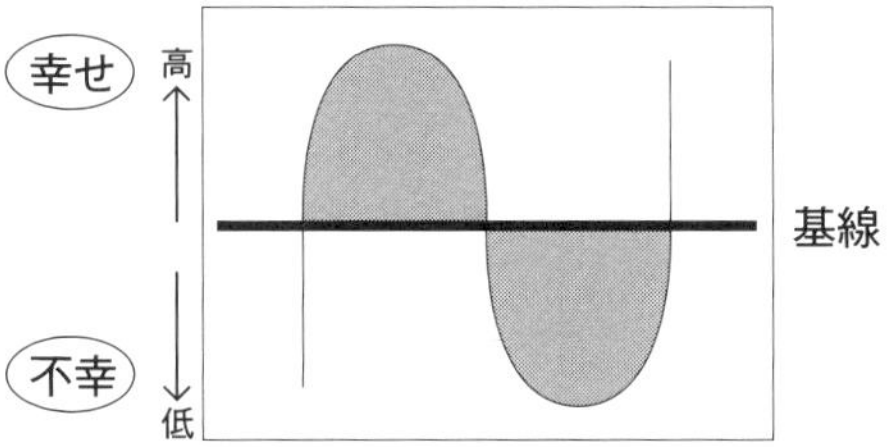

基線が高い場合………………幸せ：少ない
不幸：多い

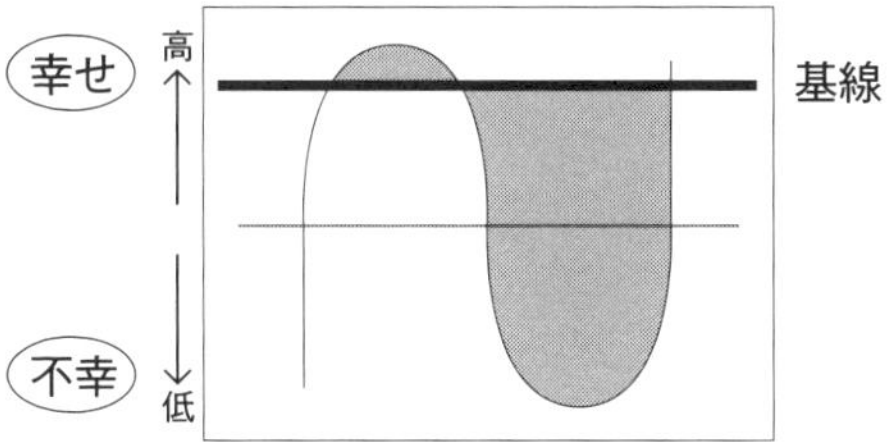

基線が低い場合………………幸せ：多い
不幸：少ない

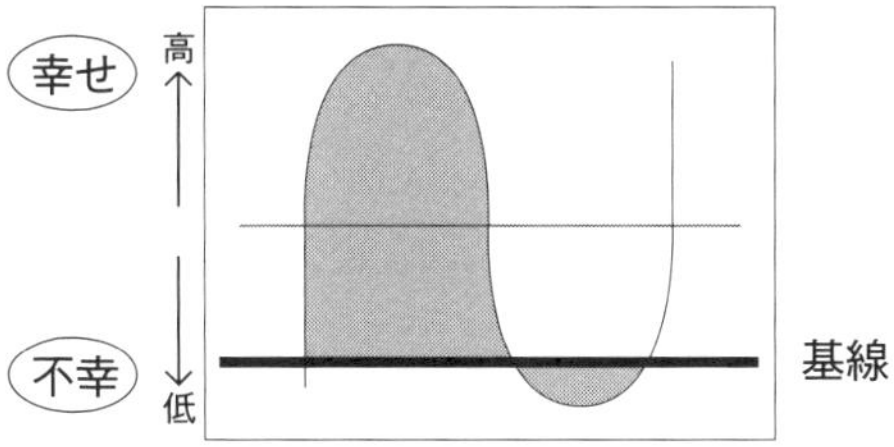

どんな状況のなかからも、「喜びをさがす」ということ

前項でふれたように、私は、普段当たり前だと思っていることに感謝できるようになってから、ものの見方、感じ方が大きく変わっていきました。そのうちに、イヤなことやつらいことも「どうやって喜ぼうか」と思えるようになりました。

そんなときのひとつの方法が、心の基線を下げることでした。

人生には、思い通りにならないことや、悲しいこと、つらいことも、たくさん起こります。どんなことが起きても、そのなかにあるプラスの要素に目を向けて、喜びが見つけられたとき、自分が救われると同時に、生きていることに幸せを感じられます。そして、積極的、前向きなエネルギーがわいてきます。そういう姿勢が、人生や幸福感を大きく左右すると思います。

エピソードのなかに、東日本大震災の被災者の方の体験談があります。ただただ

立ち尽くすような状況のなかで、幸せさがしを本気で考えているうちに見つけたことを挙げ、さらには「これからご恩返しをしていきたい」とおっしゃっています。

この文章にふれたとき、私は言葉もなく、ただただ感銘を受けました。

「喜びのゲーム」で幸せに気づく

娘が中学1年生のときに、「明日から学校に行くのがいやだ」と言うときがありました。そのとき、娘に、どんなにつらい状況のなかでも、そこから何か喜びを見つける「喜びのゲーム」をする少女の物語の本を手渡しました。

この本は、『少女パレアナ』もしくは『少女ポリアンナ』、『愛少女ポリアンナ』として知られています。

あらすじは、早くに母親を亡くし、次いで父親も亡くし、そんな境遇のなかでも幼いポリアンナは父親から教わった「喜びのゲーム」を続け、周りの人を幸せにするとともに、素晴らしい出来事を起こしていくという内容です。

この本を渡した翌日、娘は学校へ行ったのですが、帰って来て「やっぱり、いやだ」と沈みがちな声でした。「あの本読んだ？」と聞くと、「読んだ」と言うので「どうだった？　お父さん何もしてあげられないけど、2人でポリアンナちゃんの真似して喜びのゲームをやってみない？」と言うと、「わかった」と言って、それから二度と学校がいやだとは言わなくなりました。そして、なぜかグングン成績が上がっていきました。

その後、娘とこのときのことについて話したことはありませんが、どんなにつらいこと、いやなことからでも喜びをさがし続けたことが、娘の心の風景に変化をもたらしたのではないかと思っています。

心の基線が下がると、受けとめ方が変わる

ポリアンナの「喜びのゲーム」の基本は、「感謝」です。心の基線が常に下がっているのです。そうすると、同じものを見ていても、その映り方、感じ方が違ってくるんだと思います。

たとえば、道ばたにきれいな花が咲いていたとします。以前の私は、踏んづけて歩きたくなるような気持ちになっていました。今は、「きれいに咲いて、心をなごませてくれてありがとう」と、感じ方がものすごく違っています。

大きな幸せ、小さな幸せとよく言いますが、幸せに大きい小さいはないと思います。たとえば私が今、幸せを感じるのは、家族で一緒に食事をするという、本当に他愛もない時間です。

わが家は、私と家内、息子夫婦と孫2人の6人家族です。大人たちがそれぞれに忙しいものですから、家族全員で食事できるのは、年に数回程度です。そんなとき

私は涙が出そうなくらい感動します。

そのときに、「もっと一緒に食事できるようにしてくれればいいのに」と思ったり、不満に思ったりすると、せっかくの喜びが感じられなくなってしまうでしょう。

私は、家族全員が揃っていないときは、それぞれが元気に忙しくしていられることはありがたい、また一緒に食事できる日が楽しみだと思いながら、今日も自分が健康でおなかがすいたこと、家内が料理をつくってくれたことに感謝しつつ、ご飯をいただくようにしています。

「心の基線を下げる」のヒント

・心の基線を下げると、幸せをたくさん感じられる。
・喜べないことが多い時は、心の基線が上がっている時。
・イヤなことやつらいことに遭ったときも、そのなかから、「どう喜ぼうか」と、答えが出なくても思ってみる。

エピソード

◆ないものさがしではなく、あるものさがしを

清野小夜子（73歳・宮城県）

2011年3月に起きた東日本大震災は、生涯のなかで最も心が痛み、呆然自失、感情も記憶もとまりました。

亡くなった3人の従妹たちの名前も思い出せなくなり、目の前に起きている惨状が現実とは思えず、生まれ育った美しい景色は汚泥と瓦礫の山に一変し、実家も親戚兄姉妹の家も波にのまれ、ただただ立ち尽くしてしまいました。

震災から3週間たって少し平静を取り戻し、いくつかの言葉を思い起こしました。「苦しいとき、悲しいとき、つらいときにこそ、一歩進んで、喜べることを見つけていく」「ピンチはチャンス」「運命はわが師なり」「今はまだだけど、きっとよくなる」「ないものをさがすのではなく、あるものを見つける」等々。

喜びさがしを本気で考えているうちに、見つけました。

自衛隊員の必死の捜索のおかげで、家族のもとに還ってきた人がいる。夜ではなく、日中でよかった。夏でなく、冬でよかった。夏であれば、食べ物や諸々の腐敗、衛生上の問題、感染症、病気など、さらに悲惨な状況であったのではないかと思います。

国境を越えて応援してくださる、世界中の方々の愛と絆、希望の声も聞かせていただきました。

皆さまの熱いお心づかいに感謝し、私も仕事を通して少しずつではございますが、ご恩返しをしてまいりたいと意を決しております。

◆幸せ不幸せは、自分自身が決める

吉田節子（61歳・神奈川県）

あれから30年近くの歳月が過ぎました。当時、私は30代前半、心は空っぽでした。長女が亡くなった日から、時計がとまっていました。10歳の長女を病気で亡くし、自分を責めて責めて、昼間はただただ、幼い長男、次男に気を紛らわしてもらい、夜はひとり暗く長い時間をもがき、眠れない日々を過ごしていました。

どうして私だけ、こんな目にあうの？　私はもう終わり…。果てのない闇のなかにいたとき、「心の基線」「幸せ不幸せは、自分自身が決める」という話を聞きました。「当たり前のことに感謝する。基線を下げる。そうすると、たくさん幸せを感じることができます」。

聞いていくうちに、何がなんだかわからないけれど、涙がたくさん溢れてきました。そうだったのか、現実に感謝することだったんだ。娘を亡くしたことは悲しいけれど、涙を流すことができるのは幸せなんだ。身も心も拘束されて、泣くことも許されなかったとしたら。そう、私には泣ける自由があるんだ、ありがたい…。

このとき初めて、不幸と思っていたことが、実は幸せになれる入口だったことを知ることができました。

◆つらい出来事のあと、豊かな心に

富川ゆかり（40歳・北海道）

自分の心の基線が下がる瞬間を、私は身をもって経験しました。

仕事を終えて帰宅する車中、対向車のライトや街灯の光がゆらめいて花火のように見えました。目の異常を感じ、次の日、病院へ行きました。診察を受けると、網膜剥離《もうまくはくり》が進んでいるとのことで、即入院。事の重大さにビックリしました。網膜を振動させるとはがれて失明する恐れがあるため、トイレ以外、ベッドの上で過ごさなければいけなくなりました。体は元気なのに、体を動かしてはいけないのです。

三度の食事も自分でとりに行けずにいると、隣の病室の付き添いのおばさんが見るに見かねて、食事をトレイにのせ、私のベッドに運んでくださいました。私は涙がボロボロこぼれ、「本当にありがたい」と心の底から感じました。このときのありがたさは深く、自分でもビックリするほどの涙が出ました。

「心の基線が下がる」とは、まさにこのことなんだと気づきました。そして、つらい出来事のあとには、自分の心が豊かになれることも知りました。幸せを感じる瞬間は、日々の中にあることを学びました。

◆すべてのことがありがたく目に映る

加瀬久美子（56歳・群馬県）

私は人と比べては、あれが足りない、これがないと、家族や友だちに不満をもらしていました。

主人が事故に遭い、私も体調を崩してしまい、どん底状態にいるときでした。「心の基線を下げる」という言葉が心に浮かんできました。事故には遭いましたが（本人はかなり痛がって、骨がぐちゃぐちゃになる粉砕骨《ふんさいこっ》折）、大事に至らなくて本当によかった、人生には、「まさかの坂」が本当にあるのだと思いました。

心の基線を下げると、全てのことが当たり前ではなく、ありがたいことだと思えてきます。目の前にあるものに感謝することが大事で、人と比べることは無意味だということに気づきました。

今ふり返ってみると、あの事故は、主人に仕事（自営業・赤字経営）をやめさせるための事故だったと思います。主人は復帰したあとサラリーマンになり、おかげさまで元気に仕事に行っています。リハビリを含め1年半の無収入があったからこそ、今の幸せをありがたく実感しています。難有り――文字通り、有難うです。

◆心の基線は、自分で上げたり下げたりできる

福田豊子（51歳・千葉県）

「心の基線」について聞き、なるほどと納得しました。でも、頭で納得したことがすぐ実行できるかというと、意外にできないものです。

たとえば、車を運転しているとき、細い道から急に出てきた車に、「何考えてるの！」とすぐ怒りの感情がわいてきます。そのままの状態でいると、イライラし、次にハラハラするような事態が起こってきます。

そのときに、「心の基線」を思い出し、「あ、基線が上がってる。下げよう」と自分に言い聞かせます。すると、平常心に戻り、心の状態も落ち着くという経験が何度もありました。

このことは、親子や夫婦の間などでのコミュニケーションにおいても、大いに役立っています。家庭が明るくなり、とても穏やかな毎日を過ごせるようになりました。

◆心の基線が高いと、感謝できなくなる

戸田千賀子（55歳・千葉県）

子どもが登校拒否になり、私は幸せを感じることができなくなっていました。子どもに対して怒り、怒ったあとに自己嫌悪に陥るという悪循環になっていました。

今の状況を何とかしなければと、登校拒否に関する情報を聞きにあちらこちらに行き、そのなかで「心の基線」という言葉に出会いました。それは、自分で上げたり下げたりできることを知りました。

私は心の基線が高く、感謝が足りないことに気づかされました。また、私は夫を頼りに生活していながら、夫に不平不満ばかりを思っていたことに気づきました。子どもたちが学校に行かないのは、「私が原因だった」ことに気づき、愕然としました。

その後、子どもたちは高校、専門学校へ進み、自分たちの道へと無事巣立っていきました。私は心の基線が下がり、主人に「いつもありがとう」と感謝し、夫婦仲がよくなりました。

心の基線を下げると、幸せに気づくことができます。

◆イライラは、自分の気持ちだけの問題

山崎香月（37歳・福岡県）

子どもを感情で怒り、いつもイライラしていた私にとって、セミナーで聞いた「心の基線」は衝撃的な内容でした。

幸せとは、自分の心のなかの状態。私がいつもイライラしていたのは周りが悪いからではなく、私の気持ちだけの問題だとわかりました。急いで家に帰り、子どもに謝りました。もう二度と怒りをぶつけたり、八つ当たりすることはやめると、子どもに誓いました。

私が手を上げるだけで自分をかばうそぶりをしていた子どもは、その後少しずつ、伸び伸びとするようになりました。

私は、平常心で子どもを見守れるようになり、子どもを愛せるようになりました。より幸せな子育てができるようになったのは「心の基線」のおかげです。

◆不満から、感謝の気持ちへ

松下晃代（50歳・愛知県）

結婚とともに主人の両親と同居して25年。主人は男兄弟で、義父母は女の子がいなかったので、私のことを嫁というより娘のように思い、優しくしてくれました。

しかし年数がたつにつれて、お互いに遠慮がなくなり、いつしか義父の言葉が時々きつく感じられ、私は言い返すようになりました。「こんなにやっているのに、なんでそんな言われ方をされなきゃいけないの」と、反発していました。

「心の基線」を下げることで、自分の感情が変わることに気づかされました。それによって、義父に言い返す回数も少なくなったように思います。

私の「心の基線」が高い状態のままであったら、単身赴任中の主人に不満や愚痴ばかりこぼしていたでしょう。まだまだ心の基線が上がったり下がったりしていますが、心の基線を下げることで、家族に不満ではなく、感謝の気持ちをもてるようになりました。

◆人間関係がよくなる

平林陽子（44歳・群馬県）

「心の基線」という言葉を知る前、私はとても自分勝手な人間でした。

結婚したときも、夫が幸せにしてくれるのは当たり前。私の誕生日にプレゼントを買ってくれるのも当たり前。おまけに「こんなの欲しくなかった。自分で選びたかったのに」などと横柄な口をきいていました。

義母との同居も納得したうえでのことだったのに、「なんで私ばかり苦労して」。家を購入するときも、「こんなに苦労しているのだから買ってくれて当たり前」。私たち夫婦は子どもに恵まれなかったので、「なんで私だけが」。万事こんな調子だったので、結婚して幸せと感じたことは、数えるほどしかありませんでした。

「心の基線」という言葉に出会っていなければ、私はいまだに自分勝手な人間だったと思います。心の基線を下げたことによって、人間関係がよくなり、ささいなことでも幸せを感じられるようになりました。今では家庭円満になり、相手のことを思いやり、夫婦の絆もできたと思います。

幸せの法則 3

希望は目標から生まれる

目標を設定することも、幸せの大きな根っこです。
目標がある人生は、ワクワクします。
エネルギッシュです。
不思議な力が出てきます。
どんな目標も、〝できる！〟という希望——プラスのイメージを
もち続けることで、楽しくかなえていけます。

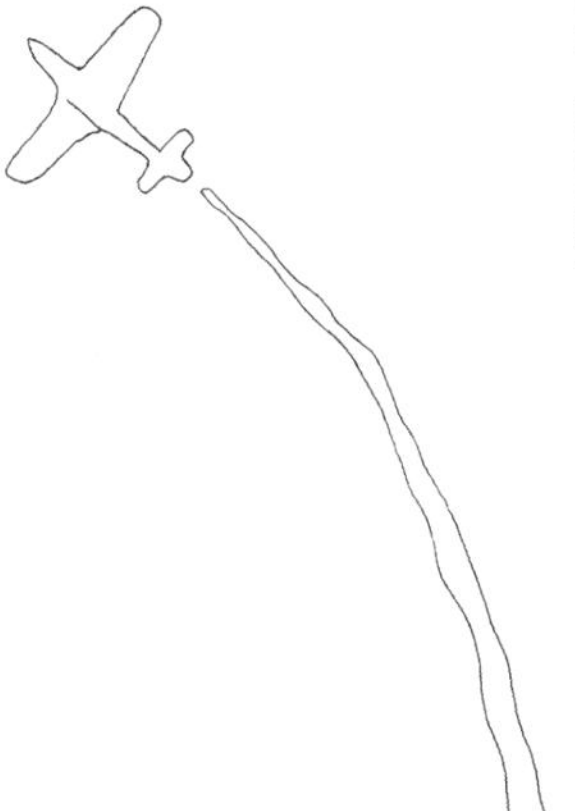

何を望むかで、人生が、幸せが変わる

目標というと、自分にはあまり関係ないと思う人もいるのではないでしょうか？　でも、人は日々、何かしら目標をもって行動しています。買い物や、ドライブ、旅行もそうです。

たとえば、スーパーに買い物に行くとき、何を買うか決めないまま行くと、店内でうろうろするはめになります。でも、献立を考え、必要なものをあらかじめリストアップして行くと、手ぎわよく買い物できます。

献立がカレーであれば、甘口か辛口か、シーフードにするか野菜たっぷりにするか、家族みんなの健康と好みを考えながら出来上がりを具体的にイメージすると、料理が楽しく、やりがいもあるでしょう。

人生の目標もこれと同じことが言えます。

「こんな自分になりたい」というワクワクする楽しいイメージを描いて、そのイメ

ージを喜びながら人生を歩いていく。

そんな目標は、「船の舵」（進行方向を定める装置）となって、あなたを目的地へ導いてくれます。

私が「目標設定をしましょう」と言うと、なかには、「欲がない生き方をしている人に、無理やり欲を引き出させるのか」とおっしゃる方がいます。

しかし、目標は決して自分の欲望をかなえるためのものではありません。素晴らしい人生を歩むために必要なものなのです。

人は目指すものがあれば、それに向かって自分の可能性を発揮しながら有意義な生き方ができます。でも目指すものがなければ、なりゆきまかせになり、生きている充実感が希薄になります。たった一度の人生、散漫にただ生きているだけでは、もったいなさすぎると私は思うのです。

「才能」はたいていの人が持っている。問題は、その才能を発揮する〝エネルギー〟があるかどうかだ、と聞いたことがあります。私はそのエネルギーこそが、目標設定だと信じています。

「目標を書きましょう」と言われても、私もそうでしたが、最初はほとんどの人が書けません。ようやく書けても、大半がお金やモノになります。私は、スタートはそれで充分だと思います。そこから始まって、だんだんとお金やモノを追求する次元を超えていけばいいのです。

目標を設定し、それに挑戦していくなかで、人は必ず磨かれます。

目標設定をするのは、目標に向かうその過程で、自分の本来の能力や可能性に気づくこと、そして、それまで想像もできなかったような素晴らしい自分に成長するためなのです。

目標設定し、音読しただけで、やる気が出てきた

私が初めて目標設定したのは36歳のときでした。

当時、サラリーマンだった私は、前述したようにマイナス思考人間で、人生こんなもんだと、どこかあきらめの気持ちもありました。そんな私が、目標設定をきっかけに、大きく変わっていくことになります。

その転機になったのが、あるセミナーに誘われていやいや出て、目標を書くように言われたものの、一文字も書けなかったことでした。

目標を決めると、それが重荷になるとか、目標を立てること自体が現実的ではないとか、達成できないと挫折感を抱いてしまうなど、目標設定に対してネガティブなことをおっしゃる方がいますが、私も同じように考えていました。目標を立ててもできるわけがない。所詮、絵空事でしかないだろうと。

でも、ある日、名刺の裏に目標を無理に書いてみました。絶対見たくなかったの

で、背広のポケットに入れたまま放ったらかし、忘れてしまっていました。

半年たったころ、ポケットからひょっこりと出てきたのが、その名刺でした。これを音読しろと言ってたな…。じゃあやってみるか、と始めてみました。今思うと、仕事が順調とは言いがたく、切羽詰まっていたため、わらにもすがる気持ちだったのかもしれません。

最初は、音読はするものの、投げ出したいという感じでした。それが3日間ぐらい続きました。4日目ごろ、音読したら「おやっ」という感じ。1週間くらいたつと、「できそう」という気になりました。

それ以降、自分でも驚くような変化が出てきました。

ひとつは、「できそう」と思ったことで、やる気が自然と出てきたことです。目標に向かっているときは、体がカーッと熱くなるくらいに燃えてきます。集中力も高まり、体が自然に動きます。行動することはいやいやするものだと思っていた私にとって、そんな経験は初めてでした。

プラスのイメージが、人を幸せにする

なぜ私が、そんな状態になれたのか。

目標という「希望」があったからです。

ここで改めて、希望とは何かについて考えてみたいと思います。

希望とは、未来に対する期待、明るい見通しのことです。「今はまだだけれども、明日できるかもしれない、明後日できるかもしれない」と、自分を肯定するプラスのイメージです。

希望の反対、絶望とは、「今はまだだけれども、明日ダメになりそうだ、明後日ダメになりそうだ」と、自分を否定するマイナスのイメージです。

冷静に考えてみると、希望も絶望も単なるイメージです。単なるイメージなのですから、じゃあ、プラスのイメージをもてばいいということになります。

私の場合、目標を立て、音読し、それが「できそう」（プラスのイメージ）と思えたので、希望に変わったのです。

そして目標に向かうなか、今までの自分の「クセ」「習慣」のここがだめだと気づき、意識しながら行動していったので、自分がどんどん変わっていったのです。

自分をスイッチオンにする方法

私の場合、こんなふうに目標設定しました。ポイントは3つです。

❶目標を紙に書く

最初は何でもいいと思います。

お金で手に入るもの（収入、クルマ、家、海外旅行など）の場合は、自分で可能だと思う10～100倍のことを目標にします。ポイントは、がんばってできそうなレベルではなく、「不可能」かもしれないと思うレベルに設定することです。

このほか、仕事、親孝行、子どものこと、家族のこと、夫婦のことでもいいでしょう。紙に書いてみましょう。

❷目標を音読する

次に、紙に書いた目標を朝夕音読します。

音読は、潜在意識に強く働きかける効果があることはよく知られています。

人間の脳には、生命誕生から38億年分のあらゆる情報が詰まっているといわれます。ところが実際に使っているのはわずか数%だそうです。言い換えれば、数%だけで生活しているということ。90%以上の能力は眠ったままになっているのです。

目標を掲げる際、自分ができそうと思うことの10〜100倍にしましょう、と言うのは、潜在意識の力を借り、今まで使ったことのない能力を引き出すチャンスだからです。最初から自分ができそうと思ったことを目標にするのは意味がありません。

掲載エピソードに「音読によって認知症の症状が改善された」という話が出てきますが、音読はそれほど人の心の奥深くに働きかけるという実例でしょう。この方以外にも、同じような報告が届いています。

私がそうであったように、最初は「絶対に無理」と思っていても、音読をくり返しているうちに、「できそう」という気になってきます。そうすると、自分がすべき行動が具体的に浮かび、体が自然に動いてきます。

❸行動して、詳細なプランを立てる

音読の次は行動です。一般的には、計画を立ててから行動しなさいと言われますが、未知のことに対して計画を立てても、その通りにはいきません。私は、先に行動して当たりをつけ、それからプランを立てています。

目標は、本人が本気でやりたいかどうか

目標を持つことの素晴らしさは、「自分を変えられる」ことです。今、自分を変えたいと思っている人がたくさんいますが、「変えたい」と思ってもなかなか変え

られるものではありません。
目標は、自分が歩いていく「進行方向」です。目標に向かっていると、「現在の自分」と「こうなりたい自分」との過不足に気づきます。今までと同じことをしていれば、今までと同じ結果になります。そこで、自分のクセ、習慣のどこに問題があるかに気づき、ここを変えたいと過不足を修正するので、おのずと変えることができるのです。

さらに、目標という進行方向が決まると、自分の「幸せの物差し」ができます。
かつての私は、何かにつけては人と比べ、勝ち負けを争い、一喜一憂していました。ところが、目標をもってからは、人と比べることが一切なくなりました。今の自分と目標を比較してどうかという、自分の物差しで幸せの価値を測ることができるようになったのです。

母親が目標をもっていれば、自分の子どもとほかの子どもさんを比較することもなくなるでしょう。また掲載エピソードにあるように、家庭内で「将来、どんな仕事がしたいの？」という会話にもなります。

子どもたちは、目標にチャレンジする母親の姿を自然と見ることになるので、知らず知らずのうちに、自分で目標を決めて行動します。掲載エピソードに出てくるお子さんたちは、自分で目標を決めたからこそ、周りが何も言わなくても自分を変え、おのずから努力しているのです。本人はきっと燃えていると思います。

周りの人は、「目標が小さいからだめなんだ」「そんな大きな目標はムリ」などと言いがちですが、大事なのは、本人が本気でやりたいかどうかです。ほかから見て小さいと見えても、本人にとってはものすごく大きな目標の場合もありますから、目標が大きい小さいというのは一概には言えません。

目標をもつことは、自分自身がワクワクできるのですから、年齢的に遅すぎるということも全くありません。掲載エピソードのなかにも、95歳の方の目標がイキイキと描かれています。

結果がすべてではなく、幸せは過程のなかにある

私が36歳の時に人生で立てた最初の目標は、お金に関することでした。1年たって、その当時従事していた販売の仕事で、目標の年収1千万円（1974年当時。現在でいうと3千万円くらい）が実現しました。

が、私はそのころから、燃えなくなりました。ふと、「本当にやりたいことは、ほかにあるのではないか」と疑問に思い、その仕事からは離れました。それから手探りでいろいろな営業の仕事をやり、その後、学習塾の経営を7年間、手がけました。そして、思いがけないことから、現在の会社を経営するに至っています。

私はその間、目標に燃えなくなると、「本当にやりたいことは？」と自分に問い、新しい目標をもつということを何度も何度もくり返しました。

そして、たどり着いたのが「使命」です。

私はある日、突然、おなかでストンと音がするような感じで自分の使命に気づき

ました。

よりたくさんの人に幸せになっていただく――私の使命に気づいたとき、自分が大地に根を張ったような、揺るぎない感覚になりました。目標設定を始めて10年目のことです。

目標とは、使命を見つけるための入口だと思います。

使命とは、「命を使う」と書きます。本来、この世に命を授けられた人全てに使命があるのでしょう。それは、意識下に埋もれているのかもしれませんし、何かに真剣に挑戦するなかで気づくのかもしれません。

目標の行き着くところは使命感。自己実現と言い換えてもいいと思います。ぜひ、これを追い求めていただきたいと思います。

目標を立てませんでした。でもかないませんでした。こういう場合、その人の人生は無駄だったのでしょうか？　目標など立てても意味がなかったのでしょうか？

いいえ、そうではありません。たとえ志半ばで死んだとしても、死ぬ直前まで充実して幸せいっぱいだった、ありがとう、と死んでいけたら、手に入らなかったものはどうだっていいんじゃないでしょうか。

自分の幸せ、成功は、結果がすべてではありません。

そこに向かっていく過程、今日という日、今という瞬間が大事で、幸せはそのなかにあります。目標をもつということは、このこととセットだと私は考えます。

「希望は目標から生まれる」のヒント

- 目標のない人生は、「舵のない船」に乗っているようなもの。
- 目標設定＋音読＋行動、それからプランを立てる。
- 結果が全てではない。そこに向かっていく「今」に幸せがある。

エピソード

◆目標を音読する

多岐川芙美子（61歳・北海道）

同居している母は、今年、89歳になります。

4年前に転んで骨折し、入院した頃から認知症が進みました。病院に連れて行くと、本人を前にして「悪くはなってもよくなることはないでしょう」と言われ、悲しい思いをしました。これ以上症状が進まないよう何とかしたいと、デイサービスに連れて行ったり、ヘルパーさんに自宅に来てもらったり、姉妹や孫たちと会ったりしましたが、症状は進む一方でした。

あるとき、知人に会う機会がありました。母の愚痴を話すと、「お母さんを幸せに見送ってあげて」と何気ない一言。

その言葉は、強く私の心に響き、私の大きな目標になりました。

親孝行をする。母を幸せに見送る。決して叱らない。優しい言葉をかける。

母は毎日「つらい」、「苦しい」、「悲しい」を連発します。何度も言うから、ますますその通りの現実になっていることも知らずに…。

私は、音読と潜在意識をヒントにした方法を母に実行してみようと決めました。

ある日、「このカードの言葉の音読をしてみて」と、母に渡しました。

そのカードはB5サイズの紙に、絵の上手な友人の描いたステキなイラストとともに、「嬉しい！」「楽しい！」「幸せ！」「ありがとう！」「感謝します！」「ハッピー！」「ラッキー！」などの言葉が、紙芝居のように書かれています。

私は母に言いました。「これを暇なときに読んでね。言葉が人をつくるの。いい言葉のカードを読むと、幸せになるよ～」「読むだけでいいのかい？」「そう、読むだけでいいの」。

母は、安心して読み始めました。

私は強く自分自身に約束したので、母に対してきつい言葉を使わなくなりました。母は何度も同じ話をくり返しますが、その都度、私は聞き、話し相手になりました。

母の精神はとても安定し、認知症が改善されました。ただ、物忘れは相当なものです。

最近は片づけが億劫になっている母に、また音読をすすめました。「がんばることはないよ。きっとできるようになるよ～。毎日これ読んでね」。見やすいように、テレビの上に貼った紙には、こう書いてあります。

「私はキレイ好き！　私は片づけ上手！　使ったものは元の場所に！　靴は揃えて脱ぎます！」

それからしばらくして、「片づけ上手になった？」と母に聞いてみると、「部屋が少し片づくようになったの」と母がうれしそうに答えたのには、本当に驚きました。

母は穏やかになりました。病院に見放され、途方に暮れていた私は、自分で気づいたことを実践しただけです。潜在意識の活用や音読で、親孝行ができるなんて信じられませんでした。

母は、幼い頃から大切な人に先立たれ悲しい思いをしているので、娘が先に逝くことは耐え難い悲しみであることをわかっています。「母さん、絶対幸せに天国に見送るからね。だから私より先に逝ってね」「うんうん、そうだよね」。母と私は、こんな楽しい会話ができるようになりました。

◆目標は自分で決める

佐藤亜子(44歳・東京都)

私は離婚をきっかけに、自分自身を変える挑戦をすることになりました。奥村さんにお会いしたとき、事情を話すと「人のお金をあてにして生きる人生ではなく、自分で努力して手にしていったらいいんじゃないですか?」と言われ、自分の人生を考えるようになりました。

私はそれまで、幸せになる法則を知らなかったため、自分の意に反し、不幸に向かって歩いていたとは夢にも思いませんでした。

目標をもち仕事に取り組むなか、次第にプラス思考で行動できるようになりました。しかしプライベートでは、なかなか難しく、息子が外で問題を起こし、学校に呼び出されるなど、毎日、苦しい親子の戦いが続いていました。

その息子が高校1年生になり、先日、私にふとこう言いました。「そんなに潜在意識がいいのなら、世の中の人、みんな活用すればいいのに」。これをきっかけに、息子と「目標設定と潜在意識」についての大議論になりました。

息子とそんな話ができたのもうれしい出来事でしたが、その後「今までお母さんに経済的負担をかけてきたから、僕、がんばって大学は国立を目指すよ」と言ったのです。かつての私なら、「何言ってるの。そんな成績で」と息子にマイナス思考で言っていたでしょう。ですが、そのときの私は「そうよ、大丈夫。今からがんばったらできる」と、プラス思考で言うことができたのです。

息子の弁によれば、「自由にさせてくれたから、さすがに僕も考えるようになった」と言います。今は私が何も言わないのに、夜10時くらいには寝て朝4時に自分で起きて勉強し、学校へ行っています。もうそれだけでもびっくりです。自分で目標を決めると、勝手にがんばるものだと、身近で見せてもらいました。

また、娘のほうは、アメリカの高校へ行かせることができ、さらに、目指していた大学への進学も決まりました。娘が夢をあきらめかけていたときに、目標設定の話をしたことが合格を呼び寄せたのです。

離婚したときはクレジットカードすら作れなかった私が、ゴールドカードを作ることもできました。

ふり返ってみると、一時期、私なんて死んでしまったほうがいいんじゃないかと思うような日々もありました。もしも、「目標設定」に出会っていなかったら、私のせいで子どもたちも不幸にしていたでしょう。あれだけ悩んだ息子が、自分で目標を決めて、行動している——この変化を何よりうれしく思います。

◆目標のない人生は、舵のない船です

小嶋一美（47歳・兵庫県）

私は、受験で志望校を決めたこと以外、目標らしい目標をもったことがありませんでした。

「目標のない人生は、舵のない船」。この言葉通り、舵のない船に乗っていましたので、こんなはずじゃなかった、ということの連続でした。

仕事に本格的に取り組もうと決めたときもそうでした。主人にそのことを宣言すると、翌日、主人は会社を辞めてしまい、大変なことになってし

まいました。

主人はその後、私と一緒に奥村さんのセミナーを聞くようになり、とても生き生きしてまいりました。子どもたちと一緒にお風呂に入ったときなど、「大きくなったら、何になりたい？」と会話するようになりました。私も少しずつ目標と潜在意識について理解できるようになり、仕事面では自分のイメージしたことが実現するようになっていきました。

ところが、長年、子どもたちを上から押しつけた結果、5人の子どもたち全員に、不登校、いじめ、友だちができない、チック症などの問題が起き、わが家は限界状態――。主人とも離婚寸前の状態となったのです。

ある日、夫婦で言い争った後、主人が「求め合うのをやめるしかない」（P182「アガペの愛」参照）と、ポツリと言いました。余計にムカッときましたが、なぜか「それしかないね」と返事をしていました。

そこから、家庭の立て直しが始まりました。私たち夫婦は、2人だけで子育てすることをやめようと決め、奥村さんから聞いた話を中心に、子どもたちと会話することにしました。「そのことについては、こう教えてもらっているのよ」と。

そのときから、子どもたちも、目標をもち潜在能力を活用する人生が始まりました。

不登校だった長女は、大学を卒業後、女性が自信をもって生きていくお手伝いをしたいと、今メイクの学校に通っています。長男と次男は、甲子園最多出場校に入学し、この夏の甲子園へ出場を果たし、将来はメジャーリーガーになりたいと、寮生活を送っています。三男は、長男次男の後をついで生徒会長になり、建築家を目指して勉強中。末の子（中1）は「目標がない人って、何に向かって生きているの?」と言います。

5人の子どもたち全員が、自然体で目標をもって生きていることを何より幸せに思います。

◆苦手なこと、できないことは、全部目標にしたらいいですよ！

織田初子（45歳・北海道）

仲間のひとりが、自分の不得手なことについて、奥村さんに尋ねたときのことです。「よかったですね。苦手なこと、できないことがあって。それを目標にできるじゃないですか」と言われました。

そばで聞いていた私は、「そうなの？ それでいいんだ！」とびっくりすると同時に、すっきりしました。人からの評価とは裏腹に、自分の苦手なことを人に言えない、相談下手な、コンプレックスのかたまりだったからです。

ならば、相談下手を、相談上手に。おしゃれ下手を、おしゃれ上手に。頑固な私を、素直な私に。肌がキレイじゃない私を、素肌美人に。ぽっちゃり体型を、ナイスプロポーションに…、などなど、楽しくワクワクしながら、たくさんの目標をもつことができました。

30数年間隠してきたコンプレックスの山が、ワクワクする夢、目標に変身したのです。そして、そこに挑戦し始められたのです。

コンプレックスに、今、感謝。

◆イメージを喜ぶ

調　調子《つきこ》（72歳・福岡県）

なぜ、私は貧乏してるんだろう。

そう考えることが多くなって、やる気もなくなり、うつ寸前の状態のころ、美容ビジネスに出会いました。

きれいになってみよう！という意欲が私のなかで珍しくわき、説明会に参加。そのときから、私のなかで何かが大きく変わり始めました。

私も事業主に？誰でもなれる？願えばかなえられる？説明会を聞いた

日、眠れないくらい興奮しました。

仕事をスタートし、以来、何の疑いもなく、新鮮に、無我夢中で挑戦し続けました。それはとても楽しい日々でした。おかげさまで、すてきな方たちにたくさん出会い、イメージ通りに仕事仲間が昇格し、私も販売代理店に昇格。夢のような経済力とともに、喜びや感動で満たされました。夢もどんどん広がっていきました。

「イメージを喜ぶ」という言葉があります。その言葉通りに、私は何一つ疑うことなく目標をイメージすることができ、信じ切ることが大切、ということも学習しました。

今、現役で活動し、本当に幸せな72歳の日々を送っています。

◆目標をもつ人生は、生きる力を与える

佐古ミエ子（95歳・北海道）

まもなく95歳を迎える私が、美容ビジネスに出会いましたのは80歳のときでした。高校の家庭科教師を退任したあと、同じ高校で72歳まで嘱託勤務。美容に全く興味のない人生を送っていましたが、肌が変わる喜びを知り、美容を仕事にすることになりました。

なぜできたのか。こんな自分でありたいという思いが目標となり、夢をしっかりもてたからです。すてきな出会いを重ね、それが私の宝物となり、大きな力になりました。夢をかなえるお手伝いが、自分の夢に向かっていることにも気づきました。

去年、1年間の入院生活で生きることに自信を失いかけていましたが、多くの皆さまに支えられ、私には目標があることに改めて気づき、仲間とともに再び夢を追いかけたいと、自分ひとりでは越えられなかった山を越

えることができました。

小さくても、目立たなくてもいい。花が咲いて、実がなり、そして「種」になる。そんな仲間たちを、これから育てていきたい――種は、永遠の命だからです。

幸せの法則4

すべての源は自分にある

なにか不都合なことが起きたとき、言い訳したり、
人のせいにしたり、自分は悪くない、と思い込むことがあります。
でも、ちょっとだけ考えてみませんか?
「ひょっとしたら、自分のせい?」
これを習慣にすると、気づきが多くなります。
いつも晴れ晴れとした気持ちでいられるようになります。

自分の人生に責任をもち、コントロールする

「You are Source」（あなたが源です）と書かれたカードをいただいたことがあります。そこには、「すべての源は自分だと考えるようになれば、あなたにはあらゆることが可能です」と書かれていました。

すべての源は自分――つまり、自分の人生に責任をもつということです。具体的に言うならば、自分の身の周りで起きていることに責任をもつということだと思います。

責任をもつということは、自分の人生をコントロールするということです。人生のあらゆる場面において、自分が主人公となり、自分の責任で選択する、決定するということです。

逆に、人のせいにすることは、人にコントロールされているということになります。そうすると、自分の人生の主人公ではなく、ただ翻弄される人になってしまい

ます。

難しい局面ほど自分で責任をもち、コントロールしていかない限り、状況は変わりません。

「ひょっとしたら、自分のせい？」と考えてみる

何か問題が生じたとき、現実を受け容れることは、本当に難しいものです。

そういうときには、よく、「でも」「だって」「どうせ」「いやいや、そうはいっても」という言葉を使って、人のせいにしたり、何かのせいにしてしまうものです。

でも、言い訳をすればするほど、その思いにとらわれてしまって、依怙地《いこじ》になってしまうことがあります。

「すべての源は自分」と考えられたら、どうでしょう。

そう考えてみるだけで物事のとらえ方が変わってきます。何か気づけることが出てきます。

すべての源は自分なのですから、「あの人が悪い」などと人のせいにしない。

言い訳をしない。自分を正当化しない。

「自分が悪かった」と思えたら、気持ちがさっぱりします。


自分に不利なことを目の前にすると、人のせいにしたくなるのはなぜでしょう。

私は、人の心の持ち方や、言葉の使い方、それは単なるクセや習慣だろうと思っています。だとすれば、この場合も子どものころからの習慣で、「なんでそんなことをするの？」などと親に言われて、「あいつがこうだったから」と言い訳することを積み重ね、それがクセになっているのだと思います。

長年のクセであるがゆえに、「自分が悪かった」と認めるのは、実際、大変なことです。

たとえば、何かのトラブルに巻き込まれて、これはどう考えても完全に相手が悪いという場合もあります。

そのときに、「ひょっとしたら、自分のせい？」とふと考えてみる。一見、自分に関係なさそうなことでも、「ひょっとしたら、自分に関係あるのか？」と考えてみる。

そうすることで、自分にできることが見えてくるのだと思います。

心底反省するには、勇気が必要

私は生まれて初めて、「本当に自分が悪かった」と認めるとき、大変な勇気を必要としました。こんなに勇気が要るものかというくらいに、体中の力をふりしぼって、心底自分が悪かったと自分の非を認めました。

37歳のとき、家内に突然、離婚届を突きつけられたときのことです。

その夜は、ホテルに宿泊し、なぜ離婚しなければいけないのか、悶々として眠れぬ一夜を過ごしました。内心、自分が悪いのはわかっていました。

ここ数年、夫婦で話す時間はほとんどない生活を送っていました。私は毎日、仕事のつきあいと称してススキノに飲みに行き、帰宅は深夜。朝はギリギリまで起きられないため、朝食抜きで家を出る。家は眠るためだけの場所になっていました。家庭のこと、子どものこと、家の新築も、すべて家内に任せっきりでした。

ふと、家内があんな態度をとったのは、「ひょっとしたら、俺が悪かったのかもしれない」という思いが脳裏をよぎりました。でも、単によぎっただけ。認めたくないので、すぐに「だけど、あいつだって悪いじゃないか」という思いが浮かんできます。「俺が悪かった」「いや、あいつだって」と、同じことを何度も何度もエンドレステープのようにくり返しました。

そのうちに、「私がもともと悪かったのだから、相手がいやな態度をとるのは当然だな、私が悪かったと認めてしまおう」、そう思いました。でも、まだ認められないんですね。それで、「俺が悪かった」と無理にでも思おうと、吐き気がするくらい体中の力をふりしぼりました。

すると、「あれ、俺が悪かったんだ、なんだ俺が悪かったんだ…」と思えてきました。非を認めたら、信じられないくらい心が晴れやかになりました。じゃあ帰って謝るしかないなと、「俺が悪かった」と家内に謝りました。家内は「私も悪かった」と言ってくれました。反省しきると相手にも伝わるのかもしれません。

中途半端に非を認めたのであれば、「そりゃあ俺が悪いよ、だけどあいつだって」になるでしょう。

けれども、心底からの反省だったから、「だけどあいつだって」という言い訳がなくなっていました。

自分が悪かった、と思うほうが心が爽やかです。

心底自分が悪かったと思えなかったら、何も気づくことがなく、だから次に何をしたらいいのか考えられないのです。

掲載エピソードに、「どう考えても源は主人だと思ったけれども、ひょっとしたら自分にも原因が？　と思うようになったら、少しずつ変わった」とありますが、

「ひょっとしたら?」と思ったことが、ポイントだと思います。

反省から、希望が見えてくる

「すべての源は自分」ということを痛感した出来事はほかにもありました。

私は脱サラ後しばらくしてから、学習塾の経営を始めました。順調すぎるほどにうまくいき、7年目には道内34カ所に広がり、生徒4000名、先生120名、私の年収は当時で数千万にもなりました。

5年目頃、労働組合ができ、賃金アップ等の団体交渉を皮切りに、私が信頼していた現場責任者の担当社員MをクビにしろとMの机や椅子を廊下に放り投げるなどの暴挙にまで発展してしまいました。Mはそれがきっかけで精神的な病気を患ってしまいました。

私はMが不憫《ふびん》でたまらず、労組に対して怒りが爆発、労組との全面対決を決めました。その日、帰宅し、家内にその報告をしていたとき、不思議なことが起こりました。メロンほどの大きさの光の玉が、強烈な光を放ちながら、私の頭のてっぺんからドーンと入ってきて、えっ⁉ と驚く間に、体を突き抜けて足の先から出て行ったのです。

そして、えっ⁉ と思ったその瞬間、「Mが病気になったのは労組のせいではない、経営者が未熟だったからだ」ということに、まるで天から降ってきたかのように、気づかされました。

経営者とはまぎれもなく私のこと。私が未熟だから労組が騒いで、Mが病気になった。……ということは、悪いのは労組だと信じて疑いませんでしたが、そもそもは全部自分が悪かったのです。

呆然としましたが、すぐに全面対決をとりやめ、経営からも全面的に手を引く覚悟を決めました。そして、当時、私が１００％株主でしたが、次の経営を担ってくれる方に無償ですべての権利を差し出しました。

労組との闘いを通して、自分の未熟さを知り、そのせいで人を不幸にしてしまったことに気づいたからです。

そして「もう経営者にはなるまい。また誰かに雇われて生活していけばなんとかなるだろう」と考えていた矢先、光の玉から半月ほどたったある日、ある人からホームエステマシンを紹介されたことがきっかけになり、よもやの展開で取り扱うことになりました。

もしも、あの時に全面対決を決行していたら、悪いのは100%労組で自分は全く悪くないと責任転嫁したままだったら、私がエステマシンを取り扱うことはありませんでした。

すべての源は自分と受け容れ、未熟だった自分を猛省し、学習塾を手放したからこそ、見えてきたことがありました。

それは、仕事を通して本物の信頼をつくりあげることが、私にとっての仕事の意義であり、価値であるということです。そしてこうした反省を踏まえたことで、自分が今後何をすべきか、気づきを得ることができました。

仕事を通して本物の信頼で結ばれた人間関係をつくりたい。そして多くの方が幸せになれるような仕事にしていく。

そんな思いで始めたホームエステの仕事は、今年の春でちょうど30年を迎えることができました。

これも「すべての源は自分」と思えたからこそだと思っています。

「すべての源は自分にある」のヒント

- 人のせいにしない。言い訳をしない。
- 自分のせいではないという場合も、「でも、ひょっとしたら?」と考えてみる。
- 反省から、気づきや、希望が生まれる。

エピソード

◆見方を変えると、一瞬にして、青空に

井上正子（56歳・埼玉県）

身体障がいと知的障がいを背負った息子の誕生を、私は心から喜ぶことができませんでした。

「この子の将来は？」「どう育てたら？」「なぜ私にこの子が？」。その不安は、一時も心から離れることはなく、世界で一番不幸な母親というレッテルを自ら貼り、苦しむ日々でした。

そんなときに、「すべての源は自分」という話を聞きました。最初は、素直に聞くことができませんでした。しかし、その場にいる人たちが共感する姿や、感想を聞くうちに、自分の気持ちに変化が出てきました。

別の日、あるお母さんから、ご自身の息子さんとの葛藤の話を聞きました。母親が変わったことで、息子さんが戻ってこられた話に、私は涙がとまりませんでした。

子どもに目を向けてみると、障がいがあっても、子どもは与えられた命を一生懸命生きていました。そして、息子は何よりも楽しそうでした。

周囲をもう一度、見渡してみると、支えてくれる人もたくさんいました。私は何を不足に思っていたのだろう——。そこに気づくと、いっぺんに子どもへの愛おしさがこみ上げてきました。この子を授かってよかった。息子10歳のときでした。

「すべての源は自分」と見方を変えるだけで、くもり空は一瞬にして、青空になりました。気づかせてくれた息子に感謝。そして誰よりも、支え続けてくれた主人に感謝。

◆人のせいにしない

石田洋子（38歳・北海道）

私は今、2つの病気を抱えています。

ひとつは、血液の病気。見つかったのは、10年ほど前の私の誕生日でした。難病とされる病気になったことがわかり、ショックでした。何度か入退院をくり返し、症状が落ち着いたころ、今度は心臓の病気が見つかりました。

なぜ自分だけがこんな目にあうのかと、私は落ち込み、両親や姑、主人のせいにして、私にストレスをかけているからだと恨んだこともありました。

そのころ、「すべての源は自分」という言葉に出会い、今までの自分をふり返ってみました。

私は、相手がしてくれることを当たり前と思い、自分から与えることはほとんどゼロでした。それなのに、相手を批判し、相手が何もしてくれないと、私はイライラしていたのです。つまり、自分で自分にストレスをかけて、病気につながったのです。そのことに気づき、私は自分のバカさ加減に、悔しくて泣いてしまいました。

「自分を変えよう」と心に誓いました。一瞬、変わるには遅いかなと心配になりましたが、現在の自分は過去の行動や思いの結果であり、これからの一つひとつの行動や思いが未来の自分をつくると聞き、安心しました。

今、朝夕「すっかり健康！」と音読し、少しずつ元気になっています。両親や姑、主人に、感謝することも心がけています。そうすると、誰もが大切で大好きな人たちに思えてきました。自分自身にもありがとうと感謝の言葉をかけています。

おかげさまで今楽しく、未来の自分のイメージにワクワクしながら暮らしています。

◆目の前の現実を受け容れる

石川紀美子（46歳・埼玉県）

6年前、主人の両親が経営する工場が倒産し、私たち家族は主人の両親とともに6人で賃貸の狭いマンションで生活することになりました。

それは、家を新築し、5年で完済、これから子どもたちにいろいろしてあげられると思った矢先の出来事でした。「なぜこんなことに」という思いから抜け出せず、主人の両親と同じ屋根の下で暮らしながら、私は現実を受け容れることができず、義父母を責める気持ちから4年間、会話のない状態が続いていました。

「すべての源は自分」という言葉に出会い、矢を向けていたのは私であることに気づきました。

両親も失いたくて工場を失ったわけではない。主人の両親なのに、同じ屋根の下で暮らす家族なのに、私は両親の存在すら認めることができなくなっていました。どれだけ歩み寄れるかわからないけれど、一からやり直したいと思い、主人にそのことを伝えると涙を流して「ありがとう」と言ってくれました。

それから1年後、中古ですが一戸建てに引っ越すことができました。あの会話もなく、殺伐とした4年間が嘘のように、今家族6人で、楽しく生活しています。

◆ひょっとして自分にも原因が？

鶴原政子（62歳・福岡県）

「すべての源は自分」という言葉が、私のなかに飛び込んできました。即座に、心の声が叫んでいました。「いいえ、わが家に限っては主人です」。

私たち夫婦は、理想的な家庭だと自慢していたのに、いつしか離婚の二文字が飛び交うようになり、子どもたちにも不安な思いをさせていました。

どこで狂ったのだろう――。考えても、考えても、行き着くところは、やはり「源は主人」。離婚する勇気もなく、悶々とする毎日に、このままではいけない、何かをスタートさせなければと思っていました。

恥ずかしい話ですが、「すべての源は自分」という言葉に出会ってから2年もたったころ、「ひょっとして私にも原因が?」と、やっと少しずつ思うようになりました。それからは、言葉づかいや態度を改め、ときには元に戻ったりしながら、主人に接していきました。

壊れた陶器は元に戻らないと思っていました。でも、夫婦関係はそうではないようです。今は夫婦仲よく、「来世も一緒になろう」と主人から手紙をもらい、穏やかで幸せな生活を送っています。もしも、「すべての源は自分」という言葉に出会っていなければ…と考えると、ゾーッとします。

将来のもう一人のすてきな自分に出会うため、謙虚さと感謝を忘れず、これからの人生を歩んでいきます。

◆不幸の始まりは、自分のせいだった

大崎栄子（65歳・北海道）

私はかつて、不平不満の名人でした。主人、そして同居している姑の欠点をさがして、「あんたがこうだから」と愚痴と不満を並べたてていたので、当然、ケンカ、暴力が絶えることのない家族でした。

今から10年前、「すべての源は自分」という話を聞き、私は他人事のように聞きました。その後も奥村さんの話を聞き続けて、次第にワクワクすることが多くなりました。

以前は、私が出かけるときに、主人がイヤミを言うので、「私だって毎日一生懸命働いているんだから、いいでしょ」と捨て台詞を残し、ブルーな気持ちで出かけていました。その私がやがて、ニッコリ笑って「行かせ

ていただきます」「ただいま。楽しかった。ありがとうございます」と言えるようになっていました。

　すると、夫が「そんなにうれしいんだね、幸せそうだね」と笑顔で送り出してくれるようになり、「お父さんのおかげです。ありがとうございます」と、私は素直に笑顔で言うようになりました。

　また明日は外出するという夜のこと、留守時の食事の支度をしていると、「いいよ、いいよ。何か作って食べるから。早く寝なさい」とまで言ってくれたのです。主人のことを、いつもイライラしてと責めていましたが、実は私が夫をそうさせていたことに気づきました。

　主人と姑に出会ったのが不幸の始まり――と、醜いことを私は思っていましたが、主人も姑も数年前、他界しました。2人が生存中、円満家族に変わり、私は悲劇の主人公からハッピードラマの主人公となりました。一緒に幸せな時間を過ごすことができましたので悔いがなく、2人に出会えたことに心から感謝しています。

子どもたちに、「私が亡くなったとき、2つの花束を入れて。父さんとばあちゃんに渡したいの」とお願いしています。

◆自分に原因があると思うと、人を責めなくなる

坂井由利子(59歳・埼玉県)

イヤなこと、不満なことなどがあると、人のせいにし、自分は正しい、と私は思っていました。ところが、実はそうではないことを教わりました。「過去と他人は変えられないが、自分が変わることで未来が大きく変わる。考え方ひとつでポジティブになれる。それはつまるところ、すべて自分の考え方が原因。反省も必要」。

理解したくない「すべての源は自分」という言葉。自分に原因があると、認めたくありませんでした。しかし、その言葉の意味が理解できたとき、

気持ちが楽になりました。人を責めることが少なくなりました。その分、自分がもがき苦しむこともありますが、そのときは切り替えの合図「パチン」と指を鳴らし、ポジティブな考え方ができるようになりました。

おかげさまで、きゅうくつな家庭から、居心地のよい家庭になりました。そうなったことで、子ども（特に娘）が落ち着き、私とよく話すようになり、少しずつ変化があらわれるようになりました。

あれから13年。子どもたちは責任感の強い社会人になり、頼もしく、まぶしくさえ見えます。自分の考え方ひとつで、特に母親の接し方によって、子どもへの影響が大きいことに驚いています。もちろん、主人に対しても同じことがいえます。

きっかけは、自分が変わったこと。そのことによって家族が変わり、今毎日を幸せに過ごしています。

◆人のせいにすると、反省は生まれない

東　幸子（69歳・北海道）

最初に聞いたときは「すべて自分のせいというのは無理」と思いました。その後、「少しでも相手のせいにすると、反省は生まれないんです。心底自分のせいと思えると、実にさわやかな気持ちになれます」と聞いて、私もそうありたいと思いました。

事件が起きました。ある人が、私が何気なく伝えたことを誤解し、大変立腹されました。私はどう考えても、怒られる理由が思いあたりませんでした。理不尽さに悩み苦しみ、それが原因で帯状疱疹《たいじょうほうしん》になりました。

考えて考え抜いた結果、ひとつの結論にたどりつきました。「すべての源は自分」なのだから、理由などいらないのです。相手にそう思わせたことが、私が心底反省することなのだと気づきました。

すぐ、相手の方に電話して会い、謝罪しました。私はとてもさわやかな

気分になり、その人と和解しました。帯状疱疹も消えました。
「すべての源は自分」の意味が、少し理解できたように思います。

◆すべては自分。ならば自分が変われればいい

葭本《よしもと》亜希子（31歳・熊本県）

私は以前、老人福祉施設で相談業務や介護業務に携わっていました。7年在職したうち5年間は同じ上司の下で働き、その上司は、上司の指示に従うのは当たり前というタイプで、私はとても苦手でした。しかし、2人で地域に出向いて高齢者に講演などをする機会もあり、私は上司を好きになろうと努めましたが、どうしても反発心が出てきて上司の忠告を素直に受け容れることができず、表情や態度にあらわすこともありました。

そのような状況で、「すべての源は自分」という言葉に出会いました。

上司の言葉や行動に納得できなくて悩んでいましたが、私が変わればいいのだと気づきました。そう思ったときから、上司に対する反発心も和らぎ、指摘を受けたときには、とっさに「言ってくださってありがとうございます」と返答していました。すると、上司の表情が優しくなり、言葉にも変化を感じました。

これはすごいと実感し、すべての源は自分なのだから、気持ちが変われば出てくる言葉が変わり、自分が変わると相手も変わることを理解しました。同時に、上司は私たちが気づかないことを気づかせてくれるありがたい存在なんだと初めて気づきました。そう思ったときから、仕事での自分がどんどん変わり、上司から「私が怒ったら、みんな目を合わそうとしないのに、なんであなたはニコニコしているの？」と不思議に思われるようになりました。

それからしばらくして私は退職しました。送別会の際、職場の皆さん一人ひとりからあたたかい言葉をいただき、上司は「自分が退職するときに、みんなからこんなふうに言ってもらえるかしら」と言いながら送り出してくださいました。

「すべての源は自分」という言葉を実践する舞台が職場にありました。この言葉のおかげで、私の人生は変わりました。

幸せの法則5

人に与えたものが自分にははね返ってくる

人生はまるでブーメランです。
人に与えたものが自分にはね返ってきます。
自分が幸せになりたければ、
まず人に幸せを与えればいいのです。
自分がしてほしいことを
相手に先にすればいいのです。

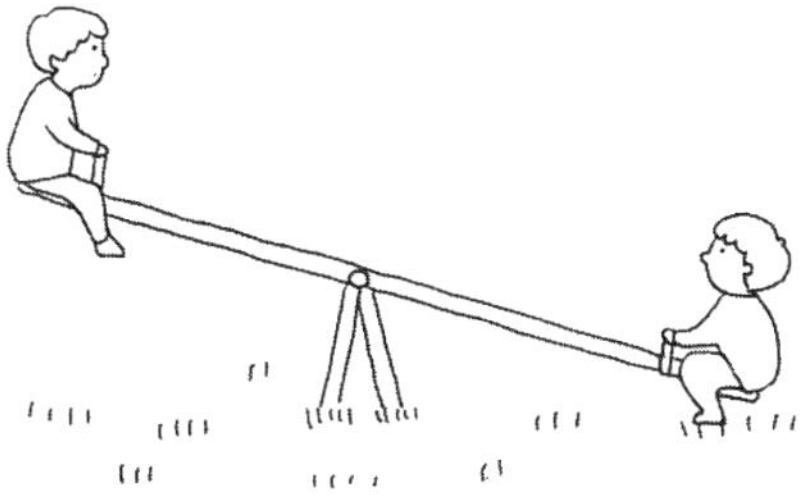

幸せになりたければ、まず人に幸せを与える

幸せな人生を送るにはどうしたらいいか、私は長い間考えてきました。

幸せを求めてがんばっているのに、その努力が違った方向に向けられていたために、喜びや充足感を少しも得られないという時期もありました。

これまでいろいろな経験を重ねてわかったことは、幸せを手にする方法は、意外にシンプルだということです。

そのひとつが、「与えたものが自分にはね返ってくる」というカルマの法則（宇宙の原則と言われています）を実践することです。

人に与えたものが返ってくるのですから、

怒りを与えると、怒りが返ってきます。

悲しみを与えると、悲しみが返ってきます。

憎しみを与えると、憎しみが返ってきます。

喜びを与えると、喜びが返ってきます。
笑顔を与えると、笑顔が返ってきます。

つまり、自分が幸せになりたければ、幸せを与えればいいのです。
相手に与えたその幸せは、自分のところにはね返ってきます。

自分が幸せじゃないのに、人に幸せを与えるなんてできない——そんな声も聞こえてきそうですね。でも、それでは「鶏が先か卵が先か」のような、どうどう巡りの話になってしまいます。
難しいことは考えずに、自分がしてほしいことを先に相手に与える。これだけで結果が変わってくるのですから、やってみない手はありません。

カルマの法則と共通した考えは、ほかにもあります。
西洋には、「人からしてほしいと思うことのすべてを人々にせよ」という黄金律があります。これは、自分が他人からしてもらいたいと思うことを、人にもしなさいという意味ですが、キリスト教倫理の行動の基準にされてきました。

心理学では、自分が相手に対し思っていることや態度などが、そのまま相手から鏡のように自分にはね返ってくるという「ミラーの法則」があります。

また、仏教の「因果応報」ともよく似ています。「情けは人のためならず」同様、自分のしたことが、結局は自分にはね返ってくることを言っています。

そして、自分がしてほしくないと思うようなことは、他人もまた同様にいやなのだから、決して他人にしてはならないという「己の欲せざるところは人に施すなかれ」という孔子の言葉もあります。

これらはいずれも、先人たちが伝え残した、人が幸せに生きていく知恵です。世の中の原則は、古今東西変わらないということなのでしょう。

自分以外にもはね返ってくる

人に与えたものが自分にはね返ってくるのですが、実ははね返るのは、自分だけにとは限りません。Aさんに与えたことが、子ども、夫、妻、両親、孫など、自分にとって大事な人たちにもはね返ってくることもあります。

自分がAさんに幸せを与えたとしましょう。それが自分にはね返ることもあれば、娘さんにはね返って、娘さんが幸せになることもあります。これは、大変喜ばしいことです。

逆に、人を怒ったり、憎んだり、傷つけるようなことをして、それが家族の誰かにはね返ってくるとしたら…。本当に怖いことだと思います。

「与えたものがはね返ってくる」という法則を知らなければ、あるいは意識しなければ、気がつかないことはたくさんあると思います。

自分がもともとそういう態度をとったから自分に戻ってきただけなのに、相手に腹を立てたりとか、自分がもともとそういう言葉を発したから戻ってきただけなのに、傷ついて悩んだりすることもあるでしょう。

そうなると悪循環になりますが、この法則を理解し、実践していけば、大きな好循環が自然に生まれます。

科学ではわからない自然の法則なのか、自分が変わるほどに、相手も変わり、自分の周りの人たちも変わっていくのは本当に不思議なところです。

自分がされてうれしいことを先に与える

人に与えたものが自分に戻ってくる。

ということは、良いことも悪いことも自分のところにはね返ってきます。

それならば、自分がしてほしいことを相手にする。

自分がしてほしくないことは、人にも絶対にしないことです。

なぜなら、相手に刃を向けると、相手も必ず刃を向けてきます。夫婦の間でも同じです。「私はこんなにやっているのだから、あなたもこうしてよ」と言いがちです。この言葉は夫への、イライラや不満、責めの気持ちから出ているでしょう。

すると、「何言ってるんだ。それはおまえの仕事だろう」「俺は別に仕事があるんだ」というような言葉になって戻ってきます。

こう言われると、「夫は何もわかってくれない」と思うかもしれませんが、もともと自分が与えたイライラ、不満、責めの気持ちがそのままはね返っているのです。

相手の言葉が胸にグサッときたとき、不愉快な思いをしたときには、自分が相手に与えたからなのでは——と思ってみることです。

そういうときは、自分が与えた結果なのだからしかたない、とあきらめたり我慢したりするのではなく、相手によいことを与えられるよう、自分を切り替えればいいと思います。つまり、自分がしてほしいことや、されてうれしいことを先に与えるのです。

自分の話を聞いてほしければ、先に相手の話を聞くべきなのです。
優しさがほしければ、優しくなることです。
イライラされたくなければ、イライラしないことです。
責められたくなければ、責めないことです。
無視されたくなければ、無視しないことです。

たとえば、タクシーに乗って、いきなり「○○まで」と言うと、運転手さんが返事もしない、そういうことってありますよね。

でも、「お願いします」と最初に言って乗り、それから「○○までお願いします」と言うと、「わかりました」と必ず言ってくれます。

黙って乗って「札幌駅まで」と、「○○まで」で言葉を止めてはだめなんですね。
これは命令されているふうになりますから、言われたほうは面白くありません。
不愉快さを与えれば不愉快な答えが返ってくる。丁寧にお願いすれば丁寧な返事が返ってくる。とても単純なことなのです。

掲載エピソードに、ご主人のボーナスが下がったとき、ご主人をねぎらい、感謝したら、ねぎらいの言葉が返ってきたという話があります。私はこういうタイプを「亭主を出世させる妻」と言っています。ご主人に「よーし、もっとがんばるぞ」という気持ちが出てきます。

逆に、「困るじゃないの。どうやって生活するのよ」なんて言ったら……どうなるかは言わなくてもわかりますね。

自分が与えたものを相手から受け取る

私が大事にしていることは、一緒にいる人に心地よくしてもらい、やる気を出してもらえるようにすることです。仕事ではもちろんですが、家庭でも仕事以上に気をつけ、習慣にするよう心がけています。

たとえば家内に食事を作ってもらったら、「おいしそうだね。いただきます」「忙しいのにこんなにたくさん作ってくれてありがとう」「外食ではこの味はできないね。さすがだね」など、思っていることを言葉にして伝えます。

そうすると、次もまた家内のおいしい食事を楽しくいただける、なんてありがたいのだろうと思う……という好循環になっていきます。

もしも私が家内のやる気をそぐような態度をとったりするとどうなるでしょう。家内はいやいや作り、私も楽しい気分でいただくことが難しくなってきます。

人にやる気を出してもらえるよう心がけているということは、私も相手からやる気になれるようなものを受け取りたいからということになります。相手に与えたものを受け取ることになるのですから、そういうことです。

自分がしてほしいことは何か。どんなことを相手から受け取りたいか。

それを考えてみると、自分が相手にどう接すればよいのかが、おのずとわかるはずです。

「人に与えたものが自分にはね返ってくる」という法則を知っていれば、幸せをつかむことは決して難しいことではなくなります。

人生、人に何を与えたかで決まるといっても過言ではありません。

人にたくさんの幸せを与えれば、たくさんの幸せが返ってくるのです。


「人に与えたものが自分にはね返ってくる」のヒント

・よいことも悪いことも自分に返ってくる。
・自分がしてほしいことを相手にする。
・自分がしてほしくないことは、人にも絶対しない。

◆人生はブーメラン

笹岡夕香里（37歳・北海道）

いつも心に余裕がない私は、「早くしなさい！」「どうして、そうなの！」「いいかげんにしなさい！」と、子どもたち（娘2人）に自分のイライラをぶつけていました。そうすると、娘たちも怒り顔になり、不機嫌になり、言うことを聞きません。

「与えたものがはね返ってくる」のなら、私もやってみようと思いました。声をかけるときも、何かをするときも、とにかく笑顔で話そうと意識しました。ときには、抱きしめてあげました。

最初は自分をなかなかコントロールできなくて、うまくいかなかったり、元に戻ったりしながら、出来不出来の波はありましたが続けていきました。

ある日、上の娘が「ママ、なんか優しくなったね」と言ってくれるようになりました。娘にこの話を教えてあげると「私もやってみる！」と言い、今、親子でチャレンジ中です。

今年3月に小学校を卒業した娘は、「今まで自分が心に残った言葉はなんですか?」という学級通信の欄に、こう書いてありました。「人生はブーメラン。人に与えたものが、自分にはね返ってくる」。

◆プラス貯金

長谷川葉子（42歳・北海道）

娘たちがまだ小さいころ、「今日、こんな話を聞いたよ」と「プラス貯金」の話をしました。プラス貯金とは、カルマの法則のたとえで、ある方が、ご自分のお子さまに話したところ、よく理解でき、実際、家族や友だち、周りの人への接し方が変わり、とてもよかったと話されていました。

わが家でも子どもたちと一緒にできたらきっと楽しいだろうなと思い、

当時小学1年の娘と年少の娘との間でよく姉妹喧嘩をしていたので、2人がお互いのことを思いやって仲良しになればいいなと、2人にこの話をしました。

子どもたちは、「やってみる!」と言い、その日から、姉は妹に、妹は姉にゆずったり、何かしてあげたり、相手に喜んでもらえることをお互いにするようになりました。4日目を過ぎたころ、長女が「本当に人にいいことをして、自分にもいいことあるの? いつもと全然変わらない」と言うようになりました。

私は少し考えて、「そうよね。でも、もう少し続けてみたら、もしかしたら何か変わるかもよ」と答えました。長女はちょっと浮かなげでしたが、「わかった。もう少しだけ続けてみるよ」と言ったので、様子を見ることにしました。

1週間か2週間たったころだったと思います。長女が「ただいま! ママすごいよ、聞いて!」と興奮しながら帰ってきました。「ママが教えてくれたプラス貯金！　きくよ！　今日、学校でおなか痛くなったの。そしたらクラスのみんなほとんど全員が、大丈夫？　って言ってくれて、保健室まで連れて行ってくれたの。すごくうれしくて！　これがママの言ってたことなんだなって、うれしかったんだ！」と話してくれました。

彼女は妹だけでなく、学校の友だちにも「プラス貯金」をしていたのでしょう。子どもでもわかるんだなと感動し、涙がこぼれました。

その娘は今、中学生になり、友だちとの出会いに恵まれ、学校生活を楽しんでいます。娘がこんなふうになれたのも、プラス貯金の話に出会えたおかげです。

◆相手を通して自分を見る

滝川洋子（66歳・静岡県）

父の介護をしながら仕事をしているとき、父から返ってくる言葉の違いにふと気づいたことがありました。「ありがとう」と「すまないな」です。介護中、仕事の約束時間に遅れそうになるとあせりが出て、私はイライラしてきます。父が「すまないな」と言うのはこんなとき、私の介護が乱暴なときです。

父が「ありがとう」と言うときは、私の気持ちに余裕があるとき。父に毎日同じことをしていても、私の心の状態で、こんなに違うのだと気づかされました。

よく、職場で「なぜそういうことをするの？」と、相手の言葉や態度に対して疑問に思うことがあります。言葉にしなくてもそんなときは、相手を責めています。その気持ちは、そのまま相手に伝わってしまいます。

そこで私は「なぜこうなったのか」と自分に問いかけ、自分の言動を見直し改めるようにしてみました。

自分の考え方のクセ、習慣を変えることで、イヤだなと思うことが少なくなりました。自我がムクムクと持ち上がってきたときは、切り替えています。

◆ねぎらいには、ねぎらいが

久保貞伊子（56歳・北海道）

自己中心的で、何か問題があると人のせいにし、言葉の大切さを考えることもなく、主人、家族、周りの人たちにポンポンと言っていました。

あるとき、主人のボーナスがすごく下がったことがありました。以前の私なら不満を口にしていたと思いますが、本当は一生懸命働いている主人が、いちばん痛感していることに気づき、「お疲れさまでした。この時期、ボーナスをいただけるだけでもありがたい。感謝だわ。ありがとうございました」とお礼を言いました。

主人から「こんなに下がって大変かもしれないけど、がんばってやり繰りしてほしい」という言葉が返ってきました。

夫婦の会話が変わっていった瞬間でした。

◆不満には、不満が

香山亜希子（41歳・北海道）

結婚して3年がたち、子供も授かり、本来は幸せいっぱいのはずでした。でも現実は、毎日夫婦のケンカが絶えず、育児に追われ、ただでさえイライラしているなか、主人はよく飲みに行き、朝帰り。すれ違い、責め合い、とうとう「リコン」の三文字が、それも主人のほうから言われてしまいました。

奈落の底へつき落とされたときに、「人に与えたものが自分にはね返ってくる」という言葉に出会いました。すぐに納得できたわけではありませんが、何度もこの言葉を自分でくり返しているうちに、気づきました。

もしかして、私が主人に与えていた不満が、そのまま私に返ってる？

私は、血の気がひく思いでした。主人のよいところはたくさんあるのに見ていなかった私。素直にありがとうを伝えていなかった私。主人には求めてばかりいた私。

主人との溝がすぐにうまったわけではありませんが、いつもこの言葉が胸にありました。1歩進んでは2歩下がり、やっぱりダメか…と落ち込み、それでも少しずつ感謝の気持ちを伝えられるようになりました。

私たち夫婦は、今年結婚14年目を迎えました。

◆笑顔には、笑顔が

定光智恵（36歳・岡山県）

普段、あまり笑顔を見せない、会社の同僚と話していたときのことです。同僚が笑顔になっているのに気づき、「なぜ今日は笑っているの?」と尋ねました。同僚は、「あなたがニコニコしているから、つられて笑ってしまった」と答えたのです。

そのとき、本当に、与えたものが自分にはね返ってくるのだと改めて感じるとともに、笑顔の数をどんどん増やしていきたいと強く思いました。

◆喜びには、喜びが

和田允子《のぶこ》（68歳・広島県）

人から言われたり、頼まれてやったときには、単なる言葉だけの「ありがとう」が返ってくるように思います。

受け身ではなく、積極的に、自分から何かいいことを相手に伝えたり、相手に喜ばれることをすると、どうでしょう。「ありがとう」の一言も心に響き、うれしさもジーンとくるものがあって、お互いにその気持ちは持続するように思います。

相手に喜んでもらうと、喜びがはね返ってくる。本当だなと実感しています。

◆自分だけでなく、大事な人にもはね返ってくる

中島ひとみ（50歳・広島県）

娘は料理学校の先生の仕事をしています。ノルマがあり、その達成のためにがんばっている娘でしたが、あと5日で売上げが出ないと降格するという状態にありました。

私も何か応援してやりたいと思い、たまたまお会いした方に料理学校の話をすると、習ってみたいとか、興味があるので行ってみたいとか、不思議なことが次々に起き、娘はノルマを達成することができました。

「中島さんが日頃、人によくしてあげていたから、娘さんに返ってきたんだね」とある方に言われ、私はハッとしました。「やったことが自分自身に返ってくるだけではなく、家族に返ってくることもありますよ」という意味を、ようやく理解できたように思いました。

幸せの法則6

「相手の問題解決」のお手伝いをする

自分の都合や利益よりも
相手のことを優先して考える人。
相手のために何かお手伝いできることがないか、
いつも心がけている人。
そんな人の周りにはたくさんの人が集まり、
幸せな成功を手にすることができます。

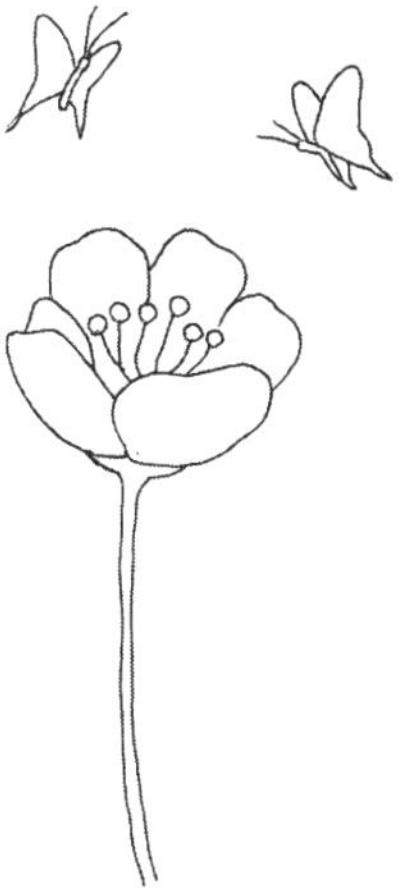

仕事は「相手の問題解決」

私は、仕事というのは、「相手の問題解決」をすることであり、「自分の問題解決」を持ち込むと、うまくいかなくなると思っています。

相手の問題解決とは、自分が扱っている商品やサービスによって、お客さまの望みをかなえるお手伝いをして、喜んでいただくことです。

したがって、収入というのは、相手の問題解決のためのお手伝いをした結果得られるもので、言い換えれば、人さまに喜ばれた報酬です。

一方、自分の問題解決とは、買ってもらいたい、自分の収入を上げたい等、自分の都合のことです。

問題とは、トラブルや悩みの場合もあるでしょうが、基本的には、その方の「現状」と「望み」の「差」ととらえたほうがわかりやすいでしょう。

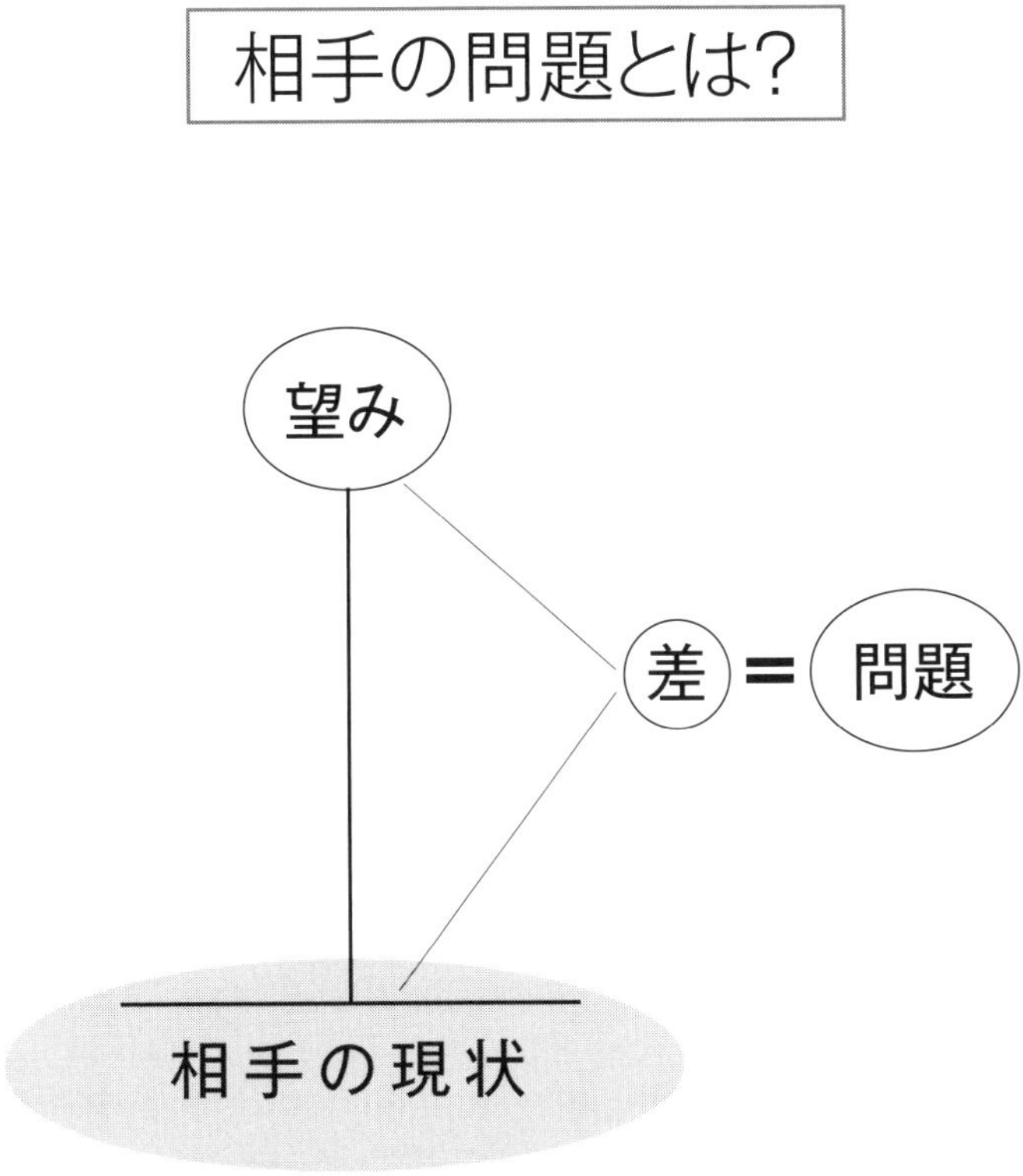
相手の問題とは?
望み
差
問題
相手の現状

私の経験上、特に販売の仕事は相手の問題解決の考え方が大切です。

ポイントは、２つです。

お客さまの問題解決のお手伝いをし、喜んでいただくことに徹すること。スキルは、お客さまのために磨くのであって、自分のために磨くのではありません。

そして、お客さまが商品を買う、買わないにかかわらず、真心を込めて接し、喜んでいただくことを自分の喜びにすること。

これができれば、結果はおのずとついてくるでしょう。

ところが、往々にして、自分だけのことを考え、利益を上げること――つまり、自分の問題解決を目指しがちです。この場合、相手の問題解決は頭にはないため、自分本位になっていますから、「売り込み」が強くなります。

人によっては、自分の問題解決のために仕事をして、売上げを伸ばすというケースもあるでしょうが、それは、一時的にうまくいったとしても、いつか必ず行き詰まります。

プライベートでも「相手の問題解決」にチャレンジしてみる

仕事だけでなく、プライベートでも相手の問題解決のお手伝いをするように習慣にしていきましょうと、セミナーなどでお話ししています。

仕事上での相手の問題解決は、お金をいただいているということもあり、比較的簡単かもしれません。

それがプライベートとなると、どうしても自分の問題解決が頭をもたげてしまい、なかなか相手の問題解決には意識が及びにくくなりがちです。

でも、仕事だから相手の問題解決を優先、プライベートでは自分の問題解決を優先、という考え方では、本当の充足感は実感できません。

プライベートで相手の問題解決のお手伝いができてこそ、本物の喜びが得られるのです。

さて、プライベートで相手の問題解決のお手伝いをしようと思っても、何をすればいいかわからない、という方もたくさんいらっしゃると思います。

コツは、気張らなくてもよいので、ささいなことから始めることです。

プライベートで、相手の問題解決というとちょっと表現が固苦しいため、「相手が幸せになれること」「相手が喜びそうなこと」をすることと置き換えてみると、わかりやすいように思います。

大事なことは、相手に興味をもって、

○どんなふうになれば喜ぶ（楽しくなる）のだろうか?
○そのために自分が役に立てることはなんだろうか?

と考えることです。

相手の問題（現状と望みの差）がわからないから、と根掘り葉掘り聞かなくても大丈夫です。まずは、その人が好きなことや、今興味があることを覚えることでもいいと思います。

すると、「○○のことが今度テレビでとり上げられるそうですね」「新聞に載っていたのでコピーをとってみました」等、情報を教えてさしあげることもできます。

もし、何をしたらいいか全く見当がつかないときは、どうしたらいいでしょうか？

たとえば会話をするときに、自分の話ばかりしないで相手の話をよく聞くということでもいいと思います。もしも相手がしゃべるのが苦手なタイプだったら、こちらから質問を投げかけるなどして、相手が話しやすいムードをつくるのもよいのではないでしょうか。場合によっては、自分がメインで話題を提供したほうがよいケースもあると思います。

こうしたことにマニュアルなどありません。自分がどうすると相手が喜ぶのか、役に立てるのか――この気持ちで自分ができることをすればよいと思います。自分がしてもらったうれしいことを相手に先にする、あるいは、自分のことよりもまず先に相手のことを考える。こうしたささいなことからでも充分だと思います。

まずは始めること。そして習慣にすることが重要なのです。

問題解決といっても、正しく言うと、実際にあなたが解決してあげるのではありません。解決は本人にしかできないことです。大切なのは、そのためにお役に立つかもしれないと思うことをさせていただくという気持ちです。

家族にこそ、どう役に立てるか考えてみる

私が特におすすめしているのは、家族に対しての相手の問題解決です。

本来、家族というのは、最も身近な存在ですから相手の喜びそうなこと、幸せになれそうなことが一番わかりやすいと思います。

が、実際には、遠慮がない関係のため、どうしても相手の都合よりも自分の都合を優先させがちです。そうではなくて、「今、私はどうすると、役に立てるだろうか。喜んでもらえるだろうか」と考えてみましょう。

たとえば、会社でお客さま相談窓口を担当しているA子さん。毎日、何十本もの電話をとり、要領の得ない話や無理難題にもきめこまやかに応対し、お客さまに納得、満足していただくようにお答えしています。

ところが、プライベートでは一転、お子さんが学校での話や遊びの話をしようとしても「今、忙しいからあとで」とちゃんと聞いてあげないことがあります。あるいは、ご主人が仕事の話をしても「疲れているから面倒な話は聞きたくない」とか「その話はもう何度も聞いた」など、会話をさえぎってしまったりすることも。

こうしたことが続くとどうなるか。

家族の会話がだんだん減ってしまいますね。

すると、お子さんやご主人が何を考えているのか、何か困っていることはないか、今、どんな状況なのかが、まったくわからなくなります。

仕事ならどんな面倒な話でもニコニコ聞ける人も、プライベートではついつい自分の都合を優先させてしまうことは決して珍しくはありません。
でも、自分の都合を優先させてしまうと、相手の問題が見えなくなってくるのです。

自分が困っているとき、つらい気分のとき、余裕のないとき、確かに自分の問題解決をしたくなるでしょう。そのときに、たとえば掲載エピソードのように、帰宅が遅かったご主人を前に、自分のイライラはピークに達しながらも、ご主人のことに思いをめぐらしたら、うれしいことが起こったのです。

相手の問題解決ができにくい理由

私は、人間はみんな誰でも、「喜んでもらいたい」「役に立ちたい」という気持ちをもっていると思います。

ところが、普段は忘れてしまって、自分のことしか考えられなかったり、そのつもりがなくても自分のことを優先して、相手のことを思っていないわけではないのですが、相手への配慮が欠けてしまったり、自分本位の考えで行動してしまいます。

なぜなのでしょう。

これは、人間は生まれたときから、ずっとそうしてきたからだと思います。オギャアと生まれたときから、泣けばおっぱいをもらい、泣けばオムツをとり替えてもらい、泣けばあやしてもらい、といった具合に、自分の問題解決をしてもらいながら育っていきます。赤ちゃんのときから、やってもらうことが当たり前になっているのです。それはまた、そうでなければ生きていけなかったのですから仕様がないんですね。

が、あるとき、「誰かの役に立つ」こと、「人に喜んでもらう」ことの大切さに気がついて、変わっていく——それを、成長とか、成人というのではないかと思います。

日常生活のとるに足らない習慣が大事

自分が喜ぶことよりも先に相手が喜ぶことができる人間になりたい——私がそう思った、小さな出来事があります。

ある暑い夏の日のことです。グループで野外作業し、炎天下で2時間くらい体を動かしたあと、きれいに切り揃えたスイカが出されました。私は何も考えず、真っ先に、一番甘くてサイズも大きい真ん中のスイカをとり、食べてしまいました。

そのグループの主宰者は、周りの人たちから尊敬を集め、みんなから先生と呼ばれている方でした。「どうぞ、どうぞ」とすすめられると、先生は「ええ、まあ、皆さんからどうぞ」と言って、みんなが食べている様子をニコニコしてご覧になって、一番後に残った端っこのスイカをとって召し上がられた。

私は、すごく衝撃を受けました。

私は、なんて恥ずかしいことをしたのだろうと思いました。

と、同時に、自分はなんてカッコ悪いんだろう…、先生はなんてカッコいいんだろう、そう思ったんですね。

労働の後ですから、疲れているのは先生も私と全く同じだったと思います。にもかかわらず、みんながおいしそうにスイカを食べている様子に、先生はむしろうれしそうでした。

その様子は、みんなから感謝してほしいとか、「ありがとう」の言葉を期待しているというのではなく、「お先にどうぞ」という気持ち、自分がそうしたいから体が自然に動いた、というふうに見えました。

あれから30年たちますが、今でも、あのときの光景を鮮明に憶えています。

自分のことよりも、まず相手を思いやり、相手が喜びそうなことをする。これを心がけると、誰でも幸せになれます。逆に言うと、自分のことばかり優先していたら、幸せにはほど遠くなります。

遺伝子工学で世界をリードする筑波大学名誉教授・村上和雄さんも『スイッチ・オンの生き方』（致知出版社）のなかで、「人の心は『他人のため』に献身的に努力しているとき、理想的な状態で働きます。そのとき、よい遺伝子がオンになると思います」と書いていらっしゃいました。

生き方として、相手の問題解決を習慣化する

掲載エピソードに、「自分の問題解決ではなく、相手の問題解決をすることに視点と行動を切り替えたところ、仕事が楽しくなり、売上げがどんどん伸び、仕事の成功と家庭の幸せを手にできた」という人、「自分の価値観を人に押し

付けるなどの底なしの欲求に悩んでいた人が仕事のなかで相手の問題解決を実践したところ、自分がそれまでいかに自分の問題解決ばかりしていたか、そして実はそれによって、自分をしばり、苦しめていたということに気づいた」という人の事例があります。

やはり、相手の問題解決は、〝自分を磨く〟場である仕事を舞台にチャレンジしてみるとわかりやすく、そしてプライベートにも応用しやすくなるのかもしれません。が、もちろん、ほかの事例にあるように、夫婦関係、親子関係にもうれしい変化をもたらします。

どちらが先でもかまいません。自分のやりやすいほうから先に、相手の問題解決を心がけてみると、だんだん「生き方」として相手の問題解決を習慣化できていくのではと思います。

私は、仕事だからこういう考え方、プライベートではこういう考え方というふうに分けて考えることはしたくないと思っています。

個人の幸せと仕事の成功は、決して別々のものではありません。なぜならば、幸せに生きていくための仕事であり、家庭だからです。両者は、２本のレールのような関係にあり、切り分けて考えるものではないと思うのです。

ですから、プライベートでは幸せじゃないのに仕事では成功しているとか、プライベートでは幸せなのに仕事がうまくいっていないというのは、私としては、幸せでも成功でもないと思っています。

いわずもがなですが、本書でふれている７つの幸せの法則は、個人の幸せと仕事の成功、両方に通用します。相手の問題解決も、仕事のうえだけではなく、プライベートでもぜひとも習慣化してほしい考え方です。

相手のお役に立ち、喜んでもらえることに徹していくと、たくさんの方があなたを必要としてくれるようになります。たくさんの方が周りに集まってきます。その充足感が幸せを生み出していくのです。

「『相手の問題解決』のお手伝いをする」のヒント

・相手が幸せになるために、自分がどう役に立てるか、と考える。
・自分のことを考えるように、相手のことを考えてみる。
・仕事だけでなく日常生活でも、相手の問題解決を意識してみる。

エピソード

◆決して〝売り〟があってはいけません

杉林政春（75歳・神奈川県）

事業を広げ過ぎ、月末決済に心臓を病み、苦しみのなかにいました。あるビジネスの可能性を聞き、今の苦しみから抜け出せるチャンスと、売りに走りました。一時的に売上げは伸びましたが、長続きせず、低迷していきました。

状況がさらに悪化。事業の失敗から、数億の借金を抱え、何度も自殺を考えました。

そんな折、次の言葉に出会いました。

「決して〝売り〟があってはなりません」

「自分の問題解決ではなく、相手の問題解決ですよ」

私は、ハッとしました。どうしたら自分の借金を返し、楽になれるか、自分の問題解決で頭がいっぱいで、まるっきり逆のことをやっていました。

お客さまのお役に立ち、お客さまに喜んでいただくことだけに徹すればいいのだ。そのことに気づき、この考え方を死んだつもりで実行しました。すると、仕事が楽しくなり、売上げがどんどん伸び、莫大な借金はおかげさまで完済しました。

奇跡が起きました。私は死なずにすみ、幸せな生命をいただきました。

今、私75歳。苦労をかけ続けた家内、71歳。24時間いつも心は一緒、出かけるときは投げキッス。日々、もったいないぐらい、楽しく幸せに過ごしています。

◆収入とは、人に喜んでいただいた結果得られるもの。人の役に立って得られるもの

宮川承子《しょうこ》（56歳・大阪府）

収入とは何か。私は漠然と、夫の収入が多ければ女性は幸せ、お金は運がよければいただけるもの、よほど才覚のある人か、何か道からはずれたことをするか、人を利用しなければ得られないもの、それくらいのイメージしかありませんでした。

２つのラーメン屋さんのたとえ話を聞きました。

「Ａというラーメン屋さんは高くてまずい。Ｂというラーメン屋は安くておいしい。どちらが儲かるでしょうか。Ｂだということは誰でもわかりますね。

Ａのお店は、お客さんのことよりも、自分のお店が儲かったらいいという、自分の問題解決をする考え方。Ｂのお店は、お客さまに喜んでいただ

きたい、お客さまに満足していただきたいという、相手の問題解決の考え方。

当然、Bのラーメン屋さんはリピーターが増え、口コミで行列のできるラーメン屋になるでしょう。Aのラーメン屋は、いずれ潰れていく運命ですね。

お客さまに喜ばれ人の役に立たないと、人は集まらないし、仕事にもならない。収入とは、人に喜ばれ人の役に立った結果得られるもの。相手の問題解決が、収入に反映されていくんですね」

衝撃的でした。こんなことは誰が考えても当たり前のことなのに、それまで気づきませんでした。私の人生観、仕事観を大きく変えるきっかけになりました。

◆人さまの幸せを真剣に願うこと

利國雅美（46歳・大阪府）

ある日、高校生の息子に「お母さん、目標見失ってない？」と言われ、ハッとしました。今ふり返ると、現状に満足し、自分の問題解決（自分が幸せになりたい）のための仕事をしていたのだと思います。

私は、もう一度、真剣に「未来の自分」に向き合い、仕事に取り組もうと決意しました。そして勇気を出し、奥村さんに会い、「どう行動すればよいか、アドバイスをいただけますか」とお聞きしました。すると、一言。

「人さまの幸せを真剣に願うこと、人さまに喜んでいただくことを喜びとすること」

「えっ、それだけ？」私は唖然としました。現場での行動の仕方や、アドバイスが欲しかったのですが、奥村さんはそのことだけ、「真剣に続けること」と言われました。

以来、私はそのことを意識して人に会い、「人の幸せとは？」を常に考え、行動しました。するとどうでしょう。今までいかに「自分の問題解決」の仕事をしてきたか、仕事仲間に対しても、仕事上だけのおつきあいだったことに気づかされました。

不思議なもので、仕事仲間のプライベートでの幸せ（結婚や家庭が円満になること）を願い、そのお手伝いをしていくと、仕事はどんどん上向き、幸せになる人が増えていきました。

現在の私なら、奥村さんの言葉の意味を深く理解できます。実際、「人に喜んでいただくことを喜ぶ」ようになると、仕事がとても楽しくなり、使命感も感じられるようになりました。人に喜ばれる幸せ、心の充実感は、物を買ったときの一時的な喜びとは違い、時間がたっても決して色あせないのです。

◆自分の問題解決では、幸せになれない

香林美彩（43歳・北海道）

6年前、漠然とした悩みを抱えていました。短気で、怒りっぽく、正義感が強いといえば聞こえはいいのですが、自分の価値観を人に押しつけたり、理想を追うあまり自分を責めたり、現状への不満がどんどん大きくなっていました。

健康な体がある。生活に不自由していない。物欲も満たせている。だけど、心が満たされない。私は幸せじゃない。なぜ？　自分の底なしの欲求が空恐ろしくなって、自分を変えたいと思うようになっていました。

その後、私はひょんなことから自営業を始めることになりました。期待よりも不安のほうが大きくなりそうになったとき、私をいつも支え、背中を押してくれたのが、この言葉「相手の問題解決」です。

自分のことは考えず、相手に喜んでいただくことだけに徹する。これを

念頭において事に当たると、自分が何をすべきか、面白いように見えてきました。

相手が喜ぶ姿を思い浮かべると、手間のかかることでも最後までやりとげようという気持ちがわき上がってきました。その気持ちに従って行動していくと、人によく思われたいとか、得をしたいとか、自分の方針を貫きたいとか、あまり気にしない私になっていました。自分の問題解決をしていたことが、実は、自分をしばり、自分を苦しめていた、ということにも気づきました。

「相手の問題解決」という言葉のもつ力の大きさを、ひとりでも多くの方に体験していただきたいと思います。

◆相手が喜びそうなことを心がけると幸せになれます

沢田和子（45歳・北海道）

私は29歳のときに電撃結婚。結婚間もないころは、すべてが新鮮で、楽しく、毎日笑顔で暮らしていましたが、月日がたつにつれ、日常生活が色あせていき、当たり前になっていました。

北海道ではいちばん寒い、２月のある夜のこと。主人から連絡がないまま時間が過ぎ、遅い帰宅となりました。冷めた夕ご飯の前に、主人が仏頂面で座ったときでした。私は無性に腹が立ち、怒りが爆発しそうになりました。自分でも顔が熱くなるのがわかり、チリと積もった不平不満を主人にぶつけそうになりました。

その日、初めて参加した奥村さんのセミナーで「相手の問題解決」について聞きました。

「自分の問題解決では幸せになれない。まず先に相手を思いやり、相手が喜びそうなこと（＝相手の問題解決）を心がけると幸せになれます」

この言葉が急に頭に浮かんできて、怒りをグッとこらえました。変な汗が出そうになりながら、主人にこう言いました。

「いつもより帰宅が遅かったし、顔も少し曇っているように見えるけど、何かあったの？　気になってね」

すると、主人は急に穏やかな顔になりました。「ごめん、ごめん、心配かけて。最近仕事が大変だったから。大丈夫だよ、ありがとう」。

先に不満をぶつけることをやめて本当によかったと思います。

中本洋子（51歳・広島県）

◆相手の立場に立って考えてみる

長女が17歳のころ、不登校になり、自宅に引きこもりになりました。

自分なりに一生懸命に育ててきたつもりでしたが、今ふり返ってみると、私はかなり自己中心的な母親だったようです。「あなたのためよ」と言いつつ、娘の気持ちを聞こうとせず、「こうしたほうがいい」「こう考えたほうがいい」と、私の価値観を一方的に押しつけていたのです。

学校に行ってもらいたい。卒業して社会に出て、仕事をしてもらいたい。私はその一心で、娘がどうなりたいのか、将来どんな仕事をしたいかなど、考えてあげることもできませんでした。

「相手の問題解決」を知り、日常生活のなかで「相手の立場に立って考えてみる」ということに、日々挑戦し続けました。

それから10年。娘は仕事に就き、すてきな彼に出会い、今、結婚に向けて日々楽しく暮らしています。

まだまだ自分中心に考えたりしますが、「相手の問題解決」ができる自分になりたいと思います。

◆自分で気づき、変わっていく

北内淳子（51歳・埼玉県）

会社では、営業事務の仕事をがんばっているつもりでしたが、上司からは認めてもらえず、不平不満ばかりを口にしていました。

家庭では、障がいをもつ子どもを育て、頼みの夫とは何度も離婚届が行ったり来たり…。蝶よ、花よと育てられ、とは言い過ぎかもしれませんが、ソコソコお嬢さん育ちで10代を過ごした自分が、「なんでこの私がこんな目にあうの？」と思っていました。

そんな私に、友人が、仕事や家庭で役に立つからと奥村さんのセミナーに誘ってくれ、何度か足を運びました。そのなかで、これまでの自分に気づき、自分を変えたいと思うようになりました。

それから次第に、私は障がいの子どもを受け容れられるようになり、部屋にこもりがちだった夫とも少しずつ歩み寄れるようになっていきました。友人は、こうして私の問題解決をしてくれたのです。気づかせてくれて、変わらせてくれて、本当にありがとう！　まだまだ変わっていきたい！

幸せの法則 7

アガペの愛をめざす

相手に見返りを求めると、必ず求め返されます。
人に与えたことが自分にはね返ってくるわけですから、
自分が求めることをやめればいいのです。
見返りを期待しないで、ただ与えるだけ――。
「アガペの愛」で相手に接していくと、
穏やかで、すがすがしい気持ちになれます。

一切の見返りを期待しないで、ただ与えるだけ

私たち夫婦は過去、「お互いに求めてばかりいた」ために険悪な関係になりました。

世の中を見渡しても、愛し合って結婚したはずなのに、いつの間にかうまくいかなくなり、離婚に至るという原因のほとんどは、そこにあるように思います。

前述したように、家内に離婚届を突きつけられたのは、私が37歳のときでした。私は心底から反省し、「自分が悪かった」と謝り、家内も「いいえ、私も悪かった」と言ってくれて、元のさやにおさまりましたが、夫婦関係はその後、まったく何も変わりませんでした。お互いに責め合い傷つけ合うという、前と同じことのくり返しになってしまったのです。子どもたちにその影響が出るようになってしまったため、このままじゃいけないと家内と話し合いました。

その結果気づいたのは、お互いに見返りを求めていたということでした。

「私はこんなにがんばっているのに、あなたは何もしてくれない」

「毎日、どんな思いをして働いていると思ってるんだ。もっと感謝されて当然だろう」

つまり、お互いに、それぞれの立場で自分がこれだけのことをやっているのだから、もっと理解してほしい、ねぎらってほしい、優しくしてほしい、感謝してほしい……という、「見返りを求めて」いたのです。

お互いに求め合い、お互いに求め返されてしまったため（与えたものがはね返るのだから、当然です）、苦しい関係に陥っていました。

私たちはそのことに気づき、

「見返りを求めると、不幸になる。もうお互いに求めるのはやめよう」

そう決めました。

以前2人で参加したセミナーで聞いた「アガペの愛」という言葉を思い出しまし

た。

「アガペの愛」とは、キリスト教の「無償の愛」「見返りを求めない愛」ということで知られています。

私たち夫婦はキリスト教信者ではありませんが、「アガペの愛という言葉と意味は知っていたけれども、それを全然やっていなかったね、今からやろうよ」と約束しました。

「一切の見返りを期待せず、与えさせていただくだけ」

これをその日から、私たち夫婦のテーマとしました。ルールは2つです。

❶「やってあげている」は禁句。

❷「させていただいてありがとう」と思うようにすること。

たとえば、こんなふうです。

●「私はこんなにがんばっているのに、あなたは何もしてくれない」

↓

●「私もおかげさまで元気に家事も仕事もさせていただいている。あなたも家族のために一生懸命に働いていただいて、ありがとう」

●「毎日、どんな思いをして働いていると思ってるんだ。もっと感謝されて当然だろう」

←

●「家族のために毎日元気に働かせていただいている。おかげさまで仕事も楽しい。家に帰れば家族みんなで過ごさせていただいて、仕事がいっそうがんばれる。ありがとう」

「させていただいている」「ありがとう」と、いちいち口に出して言うと、まるでゲームのように楽しむことができました。

また、お互いに一切注文をつけず、与えるだけで接しているので「なぜそうなの」「もっとこうしてくれたら」という思いがなくなり、お互いにうそのように楽になりました。

そうしたら、夫婦関係が本当にガラリと変わりました。

家内は、表情が穏やかになり、幸せそうになりました。子どもたちも落ち着き、家庭の雰囲気がなごやかになりました。そんな様子を見て、私も幸せな気持ちになり、新婚当時のことを思い出しました。

結婚したばかりのころは、見返りを求めることなどなく、自分のできることをして、相手が喜ぶ顔を見ることに幸せを感じていたのです。

一切の見返りを求めず、喜んで与えさせていただくことに徹する

こうして私と家内の関係がよくなったことから、私は家庭外の人間関係にも、仕事のうえでも応用できるのでは、と思いました。
たとえば――

●仕事がなくて困っていると相談を受けたから取引先を紹介してやったのに、お礼のひと言もない。なんて失礼なんだ。

←

●頼まれたから自分のできることをさせていただいただけ。お役に立ててよかった。相談してくれてありがとう。

●お客さまがスーツを7着も試着した。そのたびにていねいに商品説明し、1時間以上もかかりっきりだったのに購入には至らなかった。せっかくいい商品をお勧めしたのに、一生懸命やったのに損した。

←

●それぞれのスーツに合わせて、シャツやネクタイのコーディネートを提案させていただいたので勉強になった。お客さまの好みは千差万別だから、タイプに合わせてもっと臨機応変にたくさんご提案できるようになりたいと思う。とてもいい経験になった。ありがたい。

私は、仕事のうえでもこの「アガペの愛」という考え方を非常に重視しています。前項の「相手の問題解決」とも関連するのですが、私の会社の販売に携わる方々には、常々「〝買ってほしい〟と見返りを求めるのではなく、自分の仕事でお客さまのお役に立たせていただくことだけを考えよう」と言い続けています。

そう言うと、「仕事で無償の愛はありえない」とか「きれいごとだ」と反発されてしまうこともあります。でも、決してきれいごとを言っているのではなく、私自身の経験から本当にそう信じているのです。

30年前、私がホームエステマシンを取り扱うことになったのは、男性である私は全くピンとこなかったのですが、モニターでマシンを使っていただいた数名の女性たちが非常に気に入って、私の会社で販売してくれないか、と言われたことがきっかけでした。

モニターの女性たちが、そのホームエステによる美容法は全く今までにない画期的なものだと喜んでいましたので、私は、この商品はとにかくお客さまに実際にお試しいただくことが第一で、気に入った方にだけ購入してもらえばいい、と思いました。

私の自宅マンションの一室をお試しの場所として、事業をスタートさせたところ、高額商品にもかかわらず、しかもセールスらしいセールスもなく、ただ試していただいただけなのに、次々と売れました。

そこで私は、「何もしなくてもこんなに売れるんだ。じゃあ、もっと頑張って売ってみよう」と、セールスに力を入れたとたんに、ぱったりと売れなくなったのです。

なぜだろう？　考えあぐねた結果、私のスタンスの違いに気がつきました。

「新しい美容法だから試さないと良さはわからない、だからぜひ気軽にお試しください」とまったく売り込む気持ちがなかったときは、売れ行きがよかった。

でも、「買ってもらおう」と思ったとたんに売れなくなった。

ここにヒントがありました。

私は、自分の問題解決ではなく相手の問題解決でなければならない、ということに思い至りました。

さらには一歩進んで、「アガペの愛」の考えも取り込むことにしました。

つまり、買っていただくという〝見返り〟を求めずに、ただひたすら「この美容法できれいになっていただきたい」という気持ちでお客さまに接すること（もちろん、ふつうに商品説明もしますし、お勧めもしたうえで）。

そして、買っても買わなくても、喜んでお帰りいただくことを心がけて仕事をするように切り替えたのです。

すると、再び売上げが上がり、最初のころを上回るほど好調になりました。

アガペの愛は、必ず自分の幸せにつながってくる

人に見返りを求めても、求めたとおりにはならないものです。

そのうえ、求めれば求め返されてしまい（カルマの法則）、結果として関係がぎくしゃくしてしまうのであれば、初めから「求めない」と割り切ったほうがよいのではないでしょうか。

また、見返りを「求めない」だけではなく、喜んで「与える」こと。この2つがセットだということと、そのバランスもとても大事なのではないかと思います。

アガペの愛の本来の意味は、「神は人間を愛し、善なる者、悪なる者の分け隔てなく太陽の恵みを与え、命を与え、ただ幸せになってほしいと願っている」ところからきています。ただただ幸せを願って、喜んで与える。決してその見返りは求めない。これが、アガペの愛のルーツです。

「求めない」ほうがいいですよ、と言うと、「じゃあ、人との関わりをなくしたほうが求めなくてすむから気がラクですね」「自分だけが我慢して耐えればいいんですね」などとおっしゃる方がいますが、そうではないと思います。

むしろ、積極的に人に関わっていき、自分ができることを惜しみなく、喜んで、一切の見返りを期待せずに与えさせていただくことです。そして、それが自分にとっての喜びにつながっていくのが、アガペの愛といえるでしょう。

あれから30余年、私たち夫婦は、アガペの愛を続けています。

今朝も家内が言っていました。

「お父さんと結婚してよかった」

「いやいや、とんでもない。こちらこそ、どうもありがとう」

家内からは「生まれ変わっても一緒になりたい」とリクエストされています。

私にとっても、家内と一緒に過ごす時間は、何ものにも代えられないほどの幸せを感じています。

「予定通り」と思う

さて、実際にアガペの愛をやってみると、たいがいの方がけっこう難しいとおっしゃいます。

「自分だけ我慢しているみたいで腹が立ってきます」

「なんの変化もないので、心が折れそうになってしまう」

「求めないようにしたら、人に無関心になった」

……最初の頃は特にそうです。

もったいないのは、そのうちに、やっぱりどうしても求める気持ちが捨てきれないと言って、求め続ける人に戻ってしまうことです。

腹が立ったり落胆したりするのは、こちらの思い通りにならないときです。ということは、相手に求めているということです。つまり、まだアガペの愛にはなっていません。

自分で勝手にイメージをつくり、相手はこうするだろうとどこか期待をしているのですが、相手はその通りにならない。こうしたことはよくあるものです。

そういうとき、どうすればいいでしょうか？

「予定通り」と思えばいいのです。求めていないのですから、予定通りです。そう思うと、自分を納得させられるでしょう。

たとえば、私が1週間の出張からようやく家に帰れるというとき、こんなふうに考えているとしましょう。

●「きっと私の帰りを待っているだろうな。家をきちんと片づけて食事ももうできあがっていて、ビールも冷えているだろうな」

これは、「一生懸命働いて帰るのだからこれくらいしてもらって当然」と見返りを求めている証拠。これを、「求めない」バージョンに変換します。

●「家に帰ったら、まだなにもご飯の準備ができていないだろう。ビールはまだぬるく、家のなかはお世辞にもきれいとは言えない状態だろう」

そして、家に帰ります。

ご飯なし。ビールなし。家内はまだ帰っていません。

「すべて予定通り!!」

求めない気持ちでいれば、目の前の現実は予定通りです。


アガペの愛は、もともと神の人間に対する愛を示します。神ではない私たち人間にとって難しいのは当然です。

でも難しいからといってあきらめるのはもったいないくらい、人生を変える魔法のような法則です。できる、できないではなく、人生のテーマにして挑戦する価値は充分にあると思います。

アガペの愛はどんな人間関係にも有効

「アガペの愛」は、セミナーで話すといちばん反応があるところです。ほとんどの人、おそらく99％の人が、相手に見返りを求め、「私がこんなにしているのに、何もしてくれない」という不満を抱いているように感じられます。

私たち夫婦の場合は、お互いに求めることをやめましたが、夫婦のどちらかが求めることをやめるだけで、２人の関係は変わってくると思います。

実際、「アガペの愛」の話を聞いて、奥さまのほうがご主人に求めることをやめてから、ご主人がどんどん変わられて、「私にも問題があった」ことに気づいたという方もいます。

また、「ひょっとしたら私が悪かったかもしれない」と、別れたご主人のところに謝りに行き、そうしたらまた仲良くなって元ご主人と再婚し、今ものすごく幸せという方もいます。ほかにも、離婚を決意していた方が、ご主人をあてにできないから経済的に自立したいと仕事をさがしていたとき、「アガペの愛」を聞いて、離婚はやめたという方もいます。

元のさやにおさまるということは夫婦にとってもいいことですが、何より子どものためにいいと思います。子どもにとって、親が別れることほど悲しいことはありません。子どもにそんな思いをさせてはいけないと思います。

こうした実例がたくさんありますから、離婚する前にできることがある、離婚してもまだできることがあるということではないでしょうか。


私たちの悩みやストレスの大半は、人間関係だと言われています。

職場での人間関係や友人との人間関係、夫婦や親子、嫁と舅姑との関係ももちろんそうです。さまざまな人間関係で葛藤している人がたくさんいます。求めるがゆえにつらい立場になる人がほとんどです。

「見返りを求めないで、単に与えるだけ」――このことを日常のなかで続けていくことで、まずは自分がすがすがしく穏やかな気持ちになれるでしょう。そして、相手との関係も幸せに満ちたものになるはずです。

「アガペの愛をめざす」のヒント

・見返りを求めると、求め返されて不幸になる。
・求めるのはやめて、単に与えるだけに徹してみる。
・2、3度うまくいかなくても、くじけないで続けてみる。

エピソード

◆与えるだけの愛

加藤徳子（63歳・北海道）

私がちょうど40歳、必死に生活と戦っていたときでした。子ども３人（小5、中1、中3）の将来と、私自身の生き方を含め迷っていました。「愛には、無償の愛というものがあります。それが『アガペの愛』です。一切の見返りを期待せず、与えるだけの愛」

この言葉は、私には強烈でした。「もう一度やりなおしてこい」と言われたかのような、あたたかく、どっしりした言葉。私の胸に響きました。この言葉通りの生き方をしたら、必ず幸せになれるはずだと思いました。

私は過去、主人を許せず、わが家から追い出しました。でもそれは、私の強気と意地からで、無力でわがままな自分をさらけ出す、みじめな決断でした。恨み続ける私の顔は、決して美しいものではありませんでした。「私が生きているだけで、いいと思ってね」と心配してくれる母に悪態をつき、生活費を実家にもらい、心身ともに疲れきっていました。子どもにアガペ、お客さまにアガペ、出会う人にアガペ。その度に、私は救われました。そんな毎日を続けていくなか、主人が、戻って来ました、家族のもとへ。感謝でした。

主人は他界しましたが、私は素晴らしい人生をいただきました。「アガペの愛」に出会っていなかったら、今の私はなかったと思います。

◆イヤなことがあったときは、「予定通り」と思う

平柳初美（53歳・群馬県）

結婚と同時に主人の両親と同居した私は、そのストレスがたまり、家を出る決心をしていました。主人に自分の気持ちを伝え、「どうしてもお義母さんのことが好きになれないから、家を出たい」と言っていました。

そんなとき、「アガペの愛」について聞きました。

相手に求める気持ちが自分のストレスになっていることに気づき、その後、少しずつですが、イヤなことがあっても、なるべく「予定通り」と思うようにしました。その結果、家を出ることもなく、結婚生活は無事そのまま続いています。

もしあのときに、この言葉を聞かなかったら、きっと家を出て、その後主人とも別れてしまい、寂しい人生になっていたのではないかと思います。本当におかげさまで今は幸せを実感しながら、日々過ごさせていただいています。

◆親が子を思う愛

村田千香子（56歳・熊本県）

主人の母とは一緒に生活できないと結婚当初から思っていましたが、主人が亡くなり、子どもたち2人が巣立ち、ついに、義母と私の2人暮らしになってしまいました。

ある日、義母と食卓を囲み、今までのことをふり返りながら、義母の人生を考えてみました。母1人で息子を育ててきた義母は、口数も少なく男っぽいため、嫁である私や2人の孫に対して、愛情を表現するような女性ではありません。

親が子を思う「アガペの愛」が頭に浮かびました。そうだ、このお義母さんこそ、アガペの愛そのものを実践してこられたのだと気づきました。そのとき、義母への感謝が心からこみ上げ、大切にしなければ…と、心深く思いました。

義母は93歳、認知症になり、グループホームでお世話になることになりましたが、穏やかに時間を過ごしています。ホームのスタッフから、「娘さんですか?」と聞かれ、実の親娘のように見えることを嬉しく、とても誇らしく思いました。

◆求めない

松元妙子(46歳・宮崎県)

自分を変えようと目標をもち、充実した日々を過ごしていたときのことです。

主人が新しく始めたばかりの仕事に失敗。私は、収入のない彼を許せなくて、その責任を彼に求めるようになっていました。

それから2カ月後、「アガペの愛」「求めない」という内容の話を聞きました。自分のお腹の底に、その言葉が落ちたような気がしました。わかっていたはずだったのですが、私にはそのときが本当にわかったときでした。

その日から、主人に対して「求めない」ことへの挑戦を始めました。

私たち夫婦は、幸せへの過程を充分楽しんでいる毎日です。

◆相手に一切見返りを求めず、与えるだけの愛

伊東路香《るか》（38歳・北海道）

この言葉を聞いたとき、将来、自分の面倒を見てもらうつもりで子どもたちを育てているわけではないし、ましてや自分は母親なのだから、子どもたちに対しては「アガペの愛」ができているつもりでいました。

ある日、帰宅すると、家事がたまっていました。「食器くらい洗ってくれたらいいのに」「洗濯物ぐらいたたんでくれたっていいのに」と思って

いる自分に、ハッとしました。私は、子どもに求めていたことに、このとき初めて気づいたのです。

それからは、子どもに対し一切求めないことを決めました。

別の日、いつも通りに帰宅すると、息子が「掃除機かけておいたから」と言い、娘も「コップ洗ったからね」と言いました。

私は、ただ求めないように気をつけようと思っただけなのですが、子どもたちがみずから進んでお手伝いをしてくれたことに驚きました。

「自分が変われば周りも変わる」とは、こういうことなのだと思いました。

◆アガペの愛は、さりげなく、控えめ

小川友美恵（41歳・東京都）

幼稚園でのある出来事をきっかけに、私は人嫌いになりました。今思え

ば、私は自分の都合を優先し、人に求める傾向が強かったのでしょう。友だちも、親も嫌い。祖母と先生、弟たちなど、私の思い通りにしてくれる人が、いい人、好きな人でした。

学校では、ほとんど自分の本音は出さず、休み時間は、友だちよりもうさぎと一緒に過ごすことが多かったと思います。学校内でいじめが流行ったとき、私はよくその対象にされました。それでなおさら、人嫌いになっていきました。

わがままで負けず嫌いの性格から、私は人から認められるには何かに秀でることだと思い、小学5年生くらいからコツコツと勉強し始め、成績がよくなったので一目置かれる存在になりました。

でも、私の心は満たされませんでした。「自分は何のために生きるのか？」「私のことを誰もわかってくれない」と、人生を悲観的に考えながら中学高校時代を過ごしました。

人嫌いな私が、経済的理由から看護師になりました。人のために一生懸命仕事させていただいたとき、「ありがとう」と言ってもらえたことが、私に変化をもたらしました。ただ、プライベートでは心を閉ざしたままでした。

そのころ、「アガペの愛」について聞き、私の日々のイライラや、ストレス、人間不信の原因がどこにあるのか、初めてわかりました。

その後、少しずつ自分が変わり始め、人と接するのが楽しくなっていきました。

決定的な出来事は、平成7年1月17日の阪神大震災のときでした。震度7の大きな揺れでタンスが倒れ、その下敷きになった私を、わが身を顧みず助けてくれたのは母でした。その瞬間、私は、母の愛、まさしく「アガペの愛」を強く感じ、嫌いだった母のことが好きになり感謝の気持ちに変わったのです。

アガペの愛は、さり気なく、控えめな愛なので気づきにくいことも知りました。この日の出来事から、私もできる限り、こういう心で人に接していこうと決めました。そうすれば、いつかは必ず理解し合える日がくると信じています。

まだまだ未熟なのでつい求めてしまうこともありますが、生涯のテーマとして挑戦していきたいと思います。

あとがきにかえて――不思議を味方につける

前著『人生を変える幸せの法則』が世に出てから4年がたちました。おかげさまで、たくさんの方に読んでいただき、拙著をバイブルのように身近に置き、仕事や日常生活に役立ててくださっているという方、あるいは本の感想や、実体験を手紙に書いて送ってくださった方もいらっしゃいます。反響の大きさに驚くとともに、心から感謝いたしております。

36歳で脱サラした私は、学習塾経営に携わり、経営的にはうまくいったものの自分の未熟さを思い知らされ、44歳のときに経営から全面的に身を引きました。その後、現在のホームエステマシンとスキンケア商品の販売会社を始め、今年おかげさまで30周年を迎えます。

その間、何度も人生の崖っぷちに立たされました。私はその都度、気づきを得て、その気づきの中から行動し、何度も生まれ変わりました。

不思議なこともたくさん起こりました。

人生の崖っぷちにあるとき、光の玉が頭のてっぺんから体を突き抜けたり、誰に言われたわけでもなく「すべて自分のせいだった」と反省できたり、会社が絶体絶命の危機にあるとき紙一重の判断ができたことなども、今考えてみても、本当に不思議だと思います。さらに、人生初の目標設定で書いた「7階建ての自社ビル」、あとで気づいたのですが、１９９１年に建てたビルが、なんと7階建てなのです。

私は晴れ男です。一番不思議だったのは、あるゴルフコンペのとき、今日は雨の中のゴルフだとカッパを着てラウンドに出ようとすると雨が上がり、昼食にクラブハウスに入ると雨が降り始め、さてラウンドしようとカッパを着て出ると、また雨が上がりました。帰り道、ザーザー降り。私はこの日、一度も雨にあたることなく帰宅。

こんなことがよく起こるようになったのは、不平不満を一切やめてからでしょう。

以前の私は、お天気に文句を言っていましたが、お天気に従おうと心を定め、以来、晴れても雨でも感謝するようになってから、晴れ男になったように思います。今は、出かける時に雨になると、「作物が育つなあ」。晴れると、「お天道様、ありがとう」です。

私は以前、自分は運の悪い男だと思っていました。20代、30代は、運が悪いから「人生こんなもんだ」とあきらめていました。

運が悪かったのは、ひとつには、人との出会いがありませんでした。私は人嫌いでしたから、いい出会いがあるわけないのです。人に感謝の気持ちをもつこともほとんどありませんでした。当然、人と心が合わさらないから、人を助けることも、人から助けてもらうこともできません。私ひとりでできることなど、本当にたかが知れていますから、ただがむしゃらにもがくだけでした。

その人嫌いのクセを直し、感謝の気持ちをもてるようになると、私の人生、大きく好転し始めました。人と心が合わさるようになり、いい出会いに恵まれるようになったのです。運がどんどんよくなっていきました。

「人事を尽くして天命を待つ」という言葉がありますが、その天命というのが「運」ということなのかもしれません。

不思議なことがなぜ起こるのかわかりませんが、何もしないで不思議は起こらないのは確かです。何かに真剣に挑戦していれば、不思議が必ず味方してくれます。

私のセミナーや著書を読み、幸せの法則を実践してくださった、全国各地の皆様から貴重なエピソードをたくさんお寄せいただきました。本書でご紹介するのはその一部です。エピソードをお寄せいただいた皆様、そして掲載を快くご承諾いただいた皆様、心より御礼申し上げます。

またこの本の誕生に、ご尽力いただいた株式会社リンクジャパンの春名薫さん、株式会社チェリーノートの船山弘子さんに感謝いたします。

自分の可能性に気づき、「いつも明るく前向きなポジティブな心を抱き、何事にも感謝し、笑顔で日々を過ごす」参考に本書がなれば幸いです。

２０１2年1月　皆様を不思議が味方してくれることを願いながら

奥村久雄

［著者］
奥村久雄（おくむら・ひさお）
株式会社フヨウサキナ代表取締役社長。
1937年（昭和12年）北海道生まれ。大手ヘアケア製品メーカーの営業所長を務めたのち、36歳で独立。化粧品販売、学習塾経営で成功を収め、1982年（昭和57年）より、ホームエステマシンとスキンケア商品の販売を開始。現在、全国に約400カ所の販売拠点がある。

幸せの7つの法則

2012年2月2日　第1刷発行

著　者——奥村久雄
発行所——ダイヤモンド社
〒150-8409　東京都渋谷区神宮前6-12-17
http://www.diamond.co.jp/
電話／03·5778·7235（編集）　03·5778·7240（販売）
構成————小坂京子
装丁————ジュリアーノ ナカニシ
製作進行——ダイヤモンド・グラフィック社
印刷————堀内印刷所（本文）・共栄メディア（カバー）
製本————ブックアート
編集担当——花岡則夫

ISBN 978-4-478-01777-7